명상적 인간학

Rudolf Steiner:

Meditativ erarbeitete Menschenkunde(Vier Vorträge 1920),

in: Erziehung und Unterricht aus Menschenerkenntnis (GA 302a) © Rudolf Steiner Verlag, Dornach

Korean language edition:

© 2024 Korea Anthroposophy Publishing, Seoul

명상적 인간학

인간 이해에 기초한 교육과 수업

1판 1쇄 발행 2024년 10월 31일

지은이. 루돌프 슈타이너
옮긴이. 여상훈

발행인. 이정희
발행처. 한국인지학출판사/한국슈타이너인지학센터 www.steinercenter.org
주소. 04090 서울특별시 송파구 마천로 76 성암빌딩 5층
전화. 02-832-0523
팩스. 02-832-0526

기획제작. 씽크스마트 02-323-5609

ISBN. 979-11-92887-05-0 (03370)

이 책은 한국인지학출판사가 스위스 도르나흐 소재 "루돌프 슈타이너 유고관리기구Rudolf Steiner-Nachlaßverwaltung"의 허락을 받아 1997년 강연록 대조 7차 개정판을 텍스트로 하여 번역 출간한 것입니다. 이 책의 내용, 디자인, 이미지, 사진, 편집구성 등을 전체 또는 일부분이라도 사용할 때에는 발행처의 서면으로 된 동의서가 필요합니다. 이 도서의 국립중앙도서관 출판예정도서목록(CIP)은 서지정보유통지원시스템 홈페이지(http://seoji.nl.go.kr)와 국가자료공동목록시스템(http://www.nl.go.kr/kolisnet)에서 이용하실 수 있습니다.

이 책은 사단법인 한국슈타이너인지학센터의 〈든든버팀목〉 정기후원, 〈인지학출판프로젝트 2025〉, 장구지 님과 송광수 님의 특별후원으로 제작되었습니다.
후원계좌 | 신한은행 140-009-321956(한국슈타이너인지학센터)

Meditativ erarbeitete Menschenkunde

명상적 인간학

인간 이해에 기초한 교육과 수업

루돌프 슈타이너 저 · 여상훈 역

한국인지학출판사
KOREA ANTHROPOSOPHY PUBLISHING

서문

치유교사들을 위한 어느 연속강좌에서 루돌프 슈타이너는 명상을 할 때 중요한 것은 "내가 내면의 편안한 둥지 속으로 들어가려는" 마음의 상태가 아니라 "현실을 붙들고, 사소한 것, 그야말로 가장 사소한 것에 마음을 집중하는" 상태가 먼저 이루어져야 한다고 말했다. 《치유교육코스》, GA 317, p. 155 참조)

이 말이 구체적으로 무엇을 뜻하는지는 교사들을 위해 진행했던 여기 이 연속강연문에서 분명하게 드러난다. 교사와 부모를 포함한 모든 독자에게 이 책은 인간의 물질적, 영혼적, 정신적 본성에서 일어나는 가장 미세한 움직임을 소개한다. 첫 번째 강의에서는 무엇보다 교육자의 내적 신조와 슬픔에서 유머에 이르는 다양한 분위기의 조성을 다루고, 두 번째 강연은 경외심, 열정, 보호하는 감정이라는 세 가지 기본 몸짓이 핵심적인 내용으로 다루어진다. 이는 그리기 수업 등에서 이루어지는 교수방법론적인 개입에서 분명히 드러나는데, 그 경우 아이가 원하거나 교사가 원하기 때문에 생기는 어떤 것은 특별한 의미가 없다.

세 번째 강연에서는 신경체계, 리듬체계, 신진대사체계가 제각기 지각, 이해, 이해한 내용에 대한 내적 작업과 어떻게 연결되는지를 밝힌다. 마지막 강연에서는 이갈이 시기와 사춘기 무렵의 중요한 발달 상황이 상술되는데, 이때는 인간 자아의 발현을 위한 조건들이 어떻게 달라지는지에 주목한다. 이어지는 발달 과정의 개별 설명은 음악, 언어, 역사 수업을 위한 교수방법론을 통해 상세히 제시된다.

루돌프 슈타이너에 따르면, 교육자는 인지학의 내용을 받아들이는 데 그치지 않고 반드시 그것을 명상해야 한다. 그래야 자기 자신에게서 새로운 내적 자극을 이끌어낼 수 있고, 또 그렇게 되어야 교육이 늘 예술가의 활동이 된다고 그는 강조한다.

발터 쿠글러Walter Kugler

목 차

서문·· 4

제1강, 1920년 9월 15일 ····································· 9

서부 유럽이 동부 유럽에 미친 영향, 그리고 학문들의 영향으로 당시 재난적인 상황의 원인이 된 교육. 허버트 스펜서의 교육 원칙과 그 극복의 필요성에 대하여. 앎의(지식의) 가치에 대하여. 여러 학년을 맡는 동안 얻게 되는 교사 자신의 성장에 대한 감각. 교사의 성향과 수업의(학급의) 다양한 분위기(슬픔, 유머)에 대한 지각.

제2강, 1920년 9월 16일 ····································· 35

인간의 각 구성 본질의 서로 다른 발달이 이갈이, 변성, 성적 성숙 등에서 나타나는 양상. 조형적-건축적인 것과 언어적-음악적인 것의 연관관계, 그리고 그것이 인간 형상의 발달에 대해 가지는 의미. 이런 관계가 보여주는 디오니소스적 요소와 아폴로적 요소, 그리고 경외심과 열정이라는 두 가지 교육적 몸짓. 지상의 삶과 사후의 삶에서 이루어지는 영혼 유기체의 형성에 대한 음악의 의미. 그림 그리기와 도형 그리기에 들어있는 다양한 힘의 작용에 대하여. 오이리트미의 본질에 대하여. 경외심, 열정, 보호하는 감정.

제3강, 1920년 9월 21일 ································· 66

학문으로서의 교육학이 교육예술로서의 교육학과 다른 점. 신경 체계, 그리고 감각신경과 운동신경이라는 구분법의 부당성에 대하여. 지각하기(시각기관), 이해하기(리듬기관), 이해한 내용에 대한 내적 작업(신진대사체계). 음악적인 것 및 모든 음향적인 것의 체험. 말하기의 과정, 그리고 그 과정과 색채 체험의 연관성에 대하여. 오이리트미의 본질에 대하여. 오이리트미를 하는 사람과 이를 보는 사람이 얻는 체험에 대하여. 명상의 의미에 대하여.

제4강, 1920년 9월 22일 ································· 92

에테르체의 탄생, 그리고 물질체에서 풀려나는 지적 능력. 아스트랄체의 탄생. 자아가 인간 유기조직 안으로 편입되는 과정과 예술적인 교육의 연관성, 그리고 이에 상응하는 교수방법론: 음악, 언어, 역사, 그리기 수업 등의 예시. 우주적-조형적인 힘들과 우주적-음악적인 힘들이 상호작용하는 사춘기까지의 아동 발달. 탄생 전과 탄생 후 머리의 발달.

참조 사항 ·································· 126

주석 ······································· 128

인명 색인 ································· 137

루돌프 슈타이너 생애와 주요 활동 ··············· 138

루돌프 슈타이너 전집 목록 ······················ 149

제1강

슈투트가르트, 1920년 9월 15일

1   사랑하는 친구 여러분, 사실 제가 이곳에 머무는 동안 하려는 일이 있었습니다. 그것은 지난해 이끌었던 교육학 기초 과정들에서 상술한 내용 가운데 몇 가지를 보충해야겠다는 것이었습니다. 머무는 날도 많지 않고, 알아본 바로는 곧 이어 예정된 일정도 많아서, 이 기회가 체계적인 강의가 될 것이라거나 오늘 이 짧은 서론의 범위를 넘어설 수 있으리라고 말하기는 어렵습니다.

2   오늘 이 서론에서 제가 말하려는 것은 지난해의 강의 내용 가운데 교사와 교육자 자신에 대한 부분

을 보충하는 이야기입니다. 제가 지금 교사의 본성에 관해 말하려는 것은 당연히 온전히 함축적인 이야기이며, 따라서 이 이야기가 여러분 자신 안에서 서서히 그 구체적인 모습을 갖추게 되고 여러분 자신의 사고와 감정을 통해서 계속 작업되는 것이 가장 바람직할 것입니다. 이 이야기에 주목할 사람들은 다름아닌 교사들이고, 제가 말하고 있듯이 우리는 인지학을 지향하는 정신과학이라는 토양 위에 서 있을 뿐 아니라 이 정신과학을 바탕으로 우리 시대에 필요한 교육학을 구성하려 하기 때문입니다. 또한 교사는 비전적祕傳的인 것의 본질이 무엇인지에 대한 느낌, 즉 감정을 제대로 가져야 할 것이기 때문입니다. 우리가 사는 이 시대, 즉 민주주의의 시대이자 저널리즘의 시대에는 사람들이 비전이라는 것에 대해서 실제적이고 참된 감정을 거의 갖고 있지 못합니다. 이는 오늘날 사람들이 참된 것은 참되고 올바른 것은 올바르다고 생각해야 하는데, 참되고 올바른 것이 어떤 방식으로든 표현되어 있다면, 그것은 이 세상 어디서나 사람들이 올바르게 표현되어 있다고 생각하는 방식으로 말해져야 할 것이니 말입니다. 그런데 실제의 삶에서는 그렇지가 않습니다. 실제의 삶에서는 그런 것들이 완전히 다르게 나타납니다. 실제의 삶에서 무엇보다 나타나는 것은 사람들이 자신의 작용을 위한 충동을 대단히 성스러운 비밀로 영혼 안에 숨기고 있을 때만 특정한 작용을 펼칠 수 있다는 사실입니다. 그래서 특히 교사들은 많은 것을 성스러운 비밀로 가지고 있어야 하고, 또 그 비밀이 교사들 내부에서 다루어지는 활동이나 노력에서만 어떤 역할을 한다고 여길 수 있습니다. 이는 사실 애초부터 그다지 납득할 수 없는 말이지만, 어쨌든 여러분은 이 말을 이해하게 될 것입니다. 여러분을 납득시키려면 많은 이야기가 필요하겠지만, 일단 제가 다음과 같은 이야기를 하면 여러분이 그 말을 이해하게 될 것입니다.

3　　　제가 조금 전에 던진 그 말은 이 시점에서 세계 문명에 있어 광범위한 의미를 지니고 있기도 합니다. 오늘날 청소년 교육에 대해 생각할 때 우리는 언제나 다음 세대의 감정, 사고, 의지를 대상으로 작업한다는 사실을 언제나 명심하고 있어야 합니다. 우리는 인간

의 미래에 실행되어야 할 과제를 위해 지금부터 그런 능력을 키워 나가야 한다는 사실을 알고 있어야 합니다. 그런데 그렇게 마음먹으면 이런 물음이 생길 것입니다. 인류가 오늘날처럼 곳곳에서 불행한 처지에 빠지게 된 원인은 도대체 무엇이란 말인가? 인류가 이런 불행한 처지에 빠져든 것은 본질적으로 서양인의 사고와 감정의 특별한 방식에 인류가 종속되었기 때문에, 속속들이 종속되었기 때문입니다. 그래서 이렇게 말할 수 있겠습니다. 오늘날 중부 유럽의 누군가가 예를 들어 피히테, 헤르더, 또는 심지어 괴테에 대해 말한다고 해 봅시다. 이때 그가 평론가나 유명 저술가 등으로 널리 활동하는 사람이라면, 그가 하는 이야기의 대부분은 피히테, 헤르더, 괴테에게 실제로 있는 정신적인 충동과는 근본적으로 무척 동떨어져 있을 것입니다. 베를린이나 비엔나에서 생각하고 활동하는 그의 감정과 생각이 지금 런던, 파리, 뉴욕, 시카고의 사람들이 느끼고 생각하는 것과 동떨어진 것보다 훨씬 심하게 말입니다. 근본적으로 보면 서양 민족들의 세계관을 이룬 충동들이 인류의 전체 문명을 뒤덮어버렸고 우리의 외적 삶 전체가 이 서양 민족들의 세계관적 충동들 안에서 이루어지고 있다는 사실이 서서히 드러나고 있습니다. 또한 그런 일이 교육예술에서 특히 심하게 일어나고 있다고 말할 수밖에 없습니다. 이는 근본적으로 보아 중부 유럽의 민족들이 19세기의 후반 3분의 1에 해당하는 시기부터 서양 민족들에게서 그런 일이 일어나는 상태에서 학교에 다녔기 때문입니다. 오늘날 교육 문제를 논의하는 사람들에게는 그런 바탕에서 오는 사고방식에 따라 움직이는 것이 지극히 당연한 일로 받아들여집니다, 오늘날 중부유럽에서 교육에 관해 이성적이라고 여겨지는 모든 것의 근원을 추적한다면, 여러분은 예를 들어 허버트 스펜서 부류의 견해에서 그것을 발견할 것입니다. 우리는 스펜서 부류의 견해가 중요한 정신적 문제에 관해 중부유럽인들의 머릿속으로 들어오게 된 다양한 경로를 추적하지 않습니다. 그러나 어쨌든 그런 경로들은 있습니다. 그런데 세세한 것은 거론하지 않겠습니다만, 예를 들어 피히테에게서 나타나는 그런 교육 방향의 정신을 받아들인다면, 그 정신은 오늘날 일반적으로 현명한 이성적인 교육이라고 여겨지는 것과 완전히 다를 뿐 아니라, 현대인들로서는 자신들의 영혼을 그런 쪽의 사고와 감정 안으로 향하는 것이 거의 불가능하게 됩니다. 그럴 수 있어야 피히테나 헤르더가 의미한 것이 실질적으로 이해되어 결과로 이어지게 되는 것인데 말입니다. 그래서 오늘날 우리는 교육의 영역, 특히 교육예술의 영역에서 바람직한 것과는 전혀 반대되는 것이 기본 원칙으로 통하는 것을 보게 됩니다. 이에 관해서 저는 스펜서가 상술한 내용을 전달하려 합니다.

4 　　　스펜서의 견해는 실물수업이 자연연구자들의 연구, 과학자의 연구가 될 수 있도록 진행되어야 한다는 것입니다. 그렇다면 학교에서 어떻게 해야 한다는 것일까요? 그렇게 하려면 학교에서 아이들이 광물, 식물, 동물 등에 대해서 우리에게 배우는 것을 더욱 탐구해서 그야말로 자연연구자나 철학자가 될 수 있는 기회를 갖고 성장하도록 가르쳐야 할 것입니다. 물론 이에 대해서는 오늘날 상당한 반론들이 있습니다만, 현장에서는 앞에서 말씀드린 것과 같은 태도를 취하는

것이 보통입니다. 그런 태도를 취하는 것은 우리의 교과서들이 그에 상응하도록 구성되어 있기도 하고, 또 이 교과서들을 달리 구성하는 쪽으로 변경하거나 아예 없앤다는 생각을 하는 사람이 아무도 없기 때문입니다. 왜냐하면 오늘날은 가령 식물학 교과서가 미래의 식물학을 위해 만들어졌을 뿐, 전체적으로 보면 인간을 위한 것이 아니기 때문입니다.

5   그런데 특이한 것이 있습니다. 그것은 스펜서가 진정한 교육적 원칙이라고 제시한 것과는 완전히 반대되는 것이 오늘날 추구되어야 한다는 사실입니다. 가령 초·중학교(당시의 "폴크스슐레Volksschule"는 발도르프 학교의 1~8학년 과정에 해당하므로 부득이 이렇게 옮겼다 – 역자) 수업에서 식물이나 동물에 관해서 가르칠 때, 아이들이 훗날 식물학자나 동물학자가 되는 데 필요한 방식으로 대상을 다루도록 가르친다면, 이보다 더 큰 잘못을 우리는 상상하기 어렵습니다. 그와는 정반대로 우리가 식물과 동물에 관해서 가르칠 때 동원하는 내용을 통해서 아이들로 하여금 훗날 식물학자나 동물학자가 되지 못하

도록 막는 방향으로 수업의 방향을 잡는다면, 스펜서의
원칙을 따를 때보다 더 올바른 결과를 얻을 것입니다.
그 어떤 사람도 초등학교에서 배운 것으로 식물학자나
동물학자가 될 수는 없으니 말입니다. 그보다 인간은
올바른 교육예술을 받으며 살아가는 동안 이루어지는
선택을 통해서만 그 모습이 드러나게 될 특별한 소질
을 통해서만 식물학자나 동물학자가 됩니다. 그가 가진
소질을 통해서 그렇게 되는 것입니다! 다시 말해서 식
물학자의 소질이 있으면 식물학자가 되고, 동물학자가
될 소질이 있으면 동물학자가 됩니다. 그런 일은 반드
시 당사자의 소질에 의해서, 즉 이미 정해져 있는 카르
마에 의해서, 운명의 법칙에 의해서도 일어납니다. 그
런 일에서 우리는 이 사람 안에는 식물학자가 있고 저
사람 안에는 동물학자가 자리잡고 있음을 반드시 알아
차립니다. 초·중학교 수업의 그런 특별한 과학 분야가
어떤 식으로든 준비 작업을 해서 이루어지는 일이 아닌
것입니다. 그러니 여러분은 근래에 무슨 일이 있었는지
생각해보시기 바랍니다. 근래에는 우리의 학자들에 의
해 교육학이 만들어지는 일이 일어났습니다. 오로지 학

문적으로 생각하는 데만 익숙한 사람들이 교육학을 만들고, 교육학 분야에서 가장 중요한 내용에 말을 보탰습니다. 다시 말해서 교사 자체가 뭔가 학자와 연관된다는 견해가 있다는 것입니다. 그래서 그 둘이 근본적으로 완전히 달라야 함에도 불구하고 학문적 교육이 교사 양성으로 여겨졌습니다. 교사가 학자가 되면, 그런 교사는 좁은 의미의 학문적 사고에 의존합니다. 개인으로서는 얼마든지 그렇게 해도 괜찮지만, 교사로서는 그렇게 해서는 안 됩니다. 만일 그런 사고에 의존한다면, 그 교사가 학급에서, 학생들 사이에서, 또는 동료 교사들 사이에서 좀 우스꽝스러운 존재로 놀림을 받게 되어도 이상하지 않습니다. 상급반에서는 괴테가 말하는 "바칼로레아" 수준의 학생이 흔히들 생각하는 것처럼 그렇게 드물지 않습니다.

6   또한 오늘날 "학생들이 교사를 놀릴 때 교사 편을 들어야 할까, 오히려 학생 입장이 되어야 할까?" 하고 자문하는 사람들은 현재의 교육 상황에서는 좀 더 학생 편을 들고 싶을 것입니다. 왜냐하면 그 모든 일

의 결과가 어떤지를 가장 잘 보여주는 것이 바로 우리 대학이기 때문입니다. 그렇다면 우리 대학은 도대체 무엇일까요? 대학은 다 자란 청년들을 위한 교육기관 인가요, 아니면 연구기관인가요? 대학은 동시에 그 둘 다이고 싶어 하고, 그 바람에 오늘날과 같은 우스운 꼴이 되고 말았습니다. 심지어 사람들은 그렇게 교육기관이자 동시에 연구기관이라는 점을 우리 대학의 특별한 장점으로 치켜세웁니다. 그러나 바로 그렇게 된 탓에 이 최고 교육기관에 모든 해악이 들어왔고, 마찬가지로 교육학에서도 교사를 학자로 만들게 되었습니다. 이어서 그 해악은 초·중학교까지 들어와 자리잡습니다. 그 무엇보다 깊이 고려해야 할 것이 있습니다. 교육 예술은 삶을 바탕으로 해야 한다는 것, 즉 고고한 학문적인 사고를 바탕으로 해서는 안 된다는 것 말입니다.

7   그런데 이상한 일이 있습니다. 우선 서쪽의 교육 결과로 학문적인 교육학, 심지어 자연과학을 지향하는 교육학이라고 일컬을 교육학이 나왔다는 사실, 그리고 우리가 기억하는 헤르더, 피히테, 장 파울, 실러

18

등의 정신에 들어있던 삶의 교육학, 즉 삶에서 직접 퍼
올린 교육학이 지금은 잊혔다는 사실입니다.

8   이제 바로 그런 교육을 가꾼다는 세계사적 소
명이, 즉 교육을 일종의 신비적 사안으로 가꾸는 일이
중부 유럽 사람들 앞에 놓여 있습니다. 왜냐하면 훗날
사회적 개선이 이루어지도록 하려면 인류가 공유할 수
있고 공유해야만 하는 여러 가지가 있기 때문입니다.
그런데 이렇게 교육예술에 있어 중부 유럽에서 이루어
지는 모든 구체적인 정신적 양성에서 나오는 것을 서
부 유럽 사람들은 이해하지 못할 뿐 아니라 심지어 화
나게 만들 것입니다. 그런 사람들에게는 우선 정신과
학의 신비적 바탕 위에 서도록 작정해 보라고 말할 수
있을 것입니다. 지난 40년 동안 이루어져 독일 내에서
그토록 자부심을 불러일으켰던 그 모든 발전의 내용은
독일에서 사라졌습니다. 그것을 지배하는 힘은 서쪽
사람들에게 넘어갔습니다. 이런 상황을 바꿀 수는 없
습니다. 다만 우리는 사회유기체 삼원론에 대한 이해
가 널리 전파되어 서쪽 사람들이 그것을 이해하기 바

랄 뿐입니다.

9   그렇지만 교육예술에 관한 한, 동쪽 사람들이
나 서쪽 사람들이 아니라 우리 중부 유럽 사람들이 세
계를 향해 전할 수 있는 것이 있습니다. 그러려면 우리
는 이 교육예술을 이해할 수 있는 사람들 안에서 교육
예술을 유지해야 합니다. 그리고 우리는 어떤 믿음이
있어야 그들 안에서 교육예술을 지킨다는 것, 그리고
그렇게 지키는 것이 교육예술을 작용하게 만든다는 것
을 이해해야 합니다. 영향력을 얻으려면, 어떤 사람들
앞에서 침묵해야 할 것이 무엇인지 정확하게 알고 있
어야 합니다. 그러나 우리가 무엇보다 확실하게 알고
있어야 하는 것은, 서쪽에서 와서 근대 문명의 특정한
분야들에 빼놓을 수 없는 요소가 된 사고방식이 어떤
영향을 미칠 것을 기대하지 말아야 한다는 사실입니
다. 교육예술을 가꾸는 일에서는 그런 것으로부터 아
무것도 기대할 것이 없음을 우리가 알아야 합니다.

10   허버트 스펜서의 저술 가운데 교육에 관한 것

이 하나 있습니다. 이 저술은 아주 흥미롭습니다. 거기서 스펜서는 인간의 지적 교육에 관해 스스로 "법칙들"이라고 일컫는 일련의 기본 원칙들을 제시합니다. 그 법칙들 가운데 그가 가장 명료하게 주장하는 것이 있는데, 수업에서는 절대로 추상적인 것을 바탕으로 해서는 안 되며 언제나 구체적인 사실을 바탕으로 해야 한다는 것입니다. 이렇게 그는 교육에 관한 책을 씁니다. 그 책에는 구체적인 뭔가 다루어지기에 앞서 먼저 가장 혼란스럽게 얽히고 설킨 추상적인 것들, 정말 추상적일 뿐인 껍데기가 등장합니다. 그리고 그는 스스로 필수불가결하다고 여긴 원칙들을 다룬다고 하면서 실은 그 반대의 것들을 따르고 있음을 지각하지 못합니다. 이것이 바로 현대의 유명하고 영향력 있는 철학자가 직접 제시하는 것으로 인해 스스로 완전한 모순에 빠지는 사례입니다.

11   그런데 지난해 여러분은 우리의 교육학이 추상적인 교육 원칙들을 바탕으로 이루어지지 않았음을 알게 되었습니다. 이를테면 바깥으로부터 아이에게 무

엇인가를 가져다줄 것이 아니라 아이의 개별성을 발달시켜야 한다는 것과 같은 교육 원칙에 바탕을 두어야 한다고 말입니다. 아시다시피 우리의 교육예술은 어린 존재와의 진정한 공감을 바탕으로 이루어져야 하며, 가장 넓은 의미로 성장하는 인간에 대한 인식을 바탕으로 이루어져야 합니다. 또한 우리는 교사 교육의 첫 과정과 그 뒤 여러 교사 회의에서 성장하는 인간의 본질에 관해 충분히 논의했습니다. 우리가 교사로서 인간의 이런 본질을 받아들일 수 있으면, 성장하는 인간의 본질에 대한 그런 인식을 바탕으로 우리 안에서는 교육을 실천할 방법이 싹트게 됩니다. 이와 관련해서 교사인 우리는 예술가가 되어야 합니다. 예술가가 미학 전문가의 원칙에 따라 그림 그리거나 조각하려고 미학책을 손에 쥐고 일하는 경우란 결코 없는 것처럼, 교사 또한 교육학이 인도하는 대로 수업을 진행해서는 안 됩니다. 교사에게 필요한 것은 인간이 근본적으로 무엇이며 아동기를 거치면서 어떤 인간으로 발달하는지에 대한 진정한 통찰입니다. 그런 통찰을 위해 무엇보다 필요한 것은, 가령 1학년 학급에서 우리가 6, 7세 아이들을 대상으로 수업한다는 사실을 명심하는 일입니다. 그런데 일 년 동안 1학년 학급을 가르친 다음 그 해 말에 "누가 가장 많이 배웠나? 그건 바로 나, 선생이지!" 하고 말하지 못하게 된다면, 우리가 하는 수업은 해마다 형편없고, 해마다 목표를 채우지 못할 것입니다. 우리가 자신에게 "너는 학년초에 훌륭한 교육 원칙을 가지고 있었고, 최고의 교육 대가들을 따랐으며, 그런 교육 원칙들을 실천하는 데 최선을 다했다"라는 말을 하고는 정말 그 말대로 가르쳤다면, 우리는 형편없는 수업을 했을 것임이 분명합니다. 그러나 우리가 아침마다 떨리고 주저하는 마음으로 교실에 들어가서 자신감이라고는 조금도 없었음에도 학년말에 자신에게 "너야말로 지난 일년 동안 가장 많은 것을 배웠어"라고 말하게 된다면, 우리는 분명 최상의 수업을 한 것입니다. "너야말로 지난 일년 동안 가장 많은 것을 배웠어"라고 말할 수 있게 되는 것은 우리가 어떻게 행동했는가에 좌우됩니다. 그것은 우리가 근본적으로 무엇을 했는가에 달린 일이며, 우리가 늘 다음과 같은 감정을 가지고 있는지 여부에 좌우되는 일입니다. "아이들을 키우면서 네가 자란다. 너는 가장 고상한 의미로 시도하는 것일 뿐, 사실 네가 할 수 있는 것은 그다지 많지 않다. 그러나 네가 아이들과 함께 작업하면, 너에게서 어떤 힘이 자라난다"는 감정 말입니다. 그러면 때때로 우리는 어떤 특성을 지닌 아이들에게 해줄 수 있는 것이 많지는 않지만 그 각각의 아이들과 함께 노력했다는 감정을 가지게 됩니다. 다른 아이들에게서는 그 특별한 소질로 인해 또 이런저런 일을 경험하게도 됩니다. 짧게 말하자면, 교육 활동을 통해서 교사는 그전과는 완전히 다른 사람이 됩니다. 우리는 학교에서 일 년 전에 가르치기 시작할 때는 전혀 몰랐던 것을 할 수 있게 되었다는 것입니다. 그러면 학년말에 "그래, 네가 이전에 했어야 할 일을 넌 이제 비로소 할 수 있게 된 거야!" 하고 말하게 됩니다. 이는 대단히 강렬한 감정입니다. 그리고 여기에는 어떤 비밀이 숨어 있습니다. 여러분이 학년말에 할 수 있게 된 모든 것을 이미 학년초에 할 수 있었다면, 여러분의 수업은 형편없었을 것입니다. 가르치는 중에 비로소 노력해서 얻어낸 것을 가르쳤다면, 여러분의 수업은 훌륭한 것입니다! 그러니 여러분은 제가 던지는 모순된 말을 심사숙고하시기 바랍니다. 학년말에 비로소 알게 된 것을 이전에는 모르고 있었다면 여러분의 수업이 훌륭했다는 것, 그리고 학년말에 알게 된 것을 이미 학년초에 알고 있었다면 교육에 해로웠으리라는 것 말입니다. 이 얼마나 기묘한 모순입니까!

12   이는 많은 사람이 알아야 할 중요한 것이지만, 특히 교사에게는 자신이 알아야 할 가장 중요한 것입니다. 이것이 보편적인 진리와 인식으로는 특별한 경우이기 때문입니다. 무엇에 관한 것이든 지식 그 자체, 우리가 추상적인 원칙을 만드는 근거가 되는 지식, 우리가 관념으로 우리 내면에 생생하게 그려내도록 하는 그런 지식은 실제적인 가치를 지니고 있지 않으니 그렇습니다. 오로지 우리를 그런 지식으로 이끌어 주는 어떤 것, 먼저 그런 지식을 얻는 경로에 있는 것만이 실제적인 가치를 지니고 있습니다. 우리가 일 년 동안 가르치고 나서야 얻는 것 같은 그런 지식은 인간이 죽은 뒤에야 비로소 자신의 가치를 지니게 되니 말입니다. 그것

은 인간이 죽은 뒤에 그 인간을 다시 계속 형성할 수 있는 실재, 고유한 개별자로서 인간을 계속 형성할 수 있는 실재가 되는 지식입니다. 인간이 살아있는 동안에는 그런 고정된 지식은 아무런 가치가 없고, 그보다는 그런 고정된 지식으로 우리를 이끄는 작업이 가치를 지닙니다. 그리고 무엇보다 교육예술에서 그런 작업이 아주 특별한 가치가 있습니다. 갖가지 예술에서 그런 것처럼 교육예술에서도 그렇다는 말입니다. 저는 올바른 생각을 가진 예술가가 작품을 완성한 뒤에 자신에게 "넌 이제 비로소 할 수 있게 되었다"고 말할 것으로 생각하지 않습니다. 올바른 생각을 가진 예술가가 자신이 만든 작품에 만족하리라고 생각하지 않습니다. 예술가는 당연히 자신의 작품을 소중하게 여기는 이기적인 마음이 있겠지만, 근본적으로 작품에 만족할 수는 없습니다. 어떤 예술 작품이 완성되면, 그것을 만든 사람은 그 작품에 대한 관심의 상당한 부분을 잃어버립니다. 이렇게 관심을 잃어버리는 것은 우리가 무엇인가를 만들 때 얻게 되는 앎의 본질적인 속성 때문입니다. 그리고 무엇보다 다른 쪽에는 생명의 싹을 틔우는 살아있는 것이 아직 앎이 되지 않은 채 있기 때문입니다.

13   인간의 유기체 전체도 마찬가지입니다. 우리의 머리는 가장 완성된 상태라고 할 수 있는 부분입니다. 머리가 여러 번에 걸친 이전 지상의 삶의 힘들로부터 만들어져 그렇습니다. 과숙過熟한 것이지요. 인간의 머리는 미성숙한 경우라고 해도 이미 무르익은 상태입니다. 이와는 달리 우리의 다른 유기 조직은 우리가 다음 지상의 삶에서 얻게 될 머리에 우선 그 맹아를 제공합니다. 그래서 이 다른 기관은 싹트고 자라게 하는 것이면서 조금 미완성인 상태입니다. 머리가 아닌 다른 기관은 우리가 죽기 전까지는 근본적으로 그 진정한 형상, 즉 그 안에서 작용하는 힘들의 형상을 보여주지 않는 어떤 것입니다. 또한 머리가 아닌 다른 유기체 안에도 도도히 흐르는 생명이 그 성격을 보여주는데, 골화骨化가 최대한으로 이루어지는 머리와는 달리 기관의 골화가 최소한으로 머무는 것이 그렇습니다.

14   이런 최대한의 내적인 겸손, 자신이 성장한다

는 느낌, 그것이 바로 교사가 지녀야 하는 것입니다. 그 어떤 추상적인 원칙들보다 그런 감정에서 더 많은 것이 생겨나기 때문입니다. 모든 것을 불완전하게 하는 것이 그 모든 것을 생동하게 만드는 것이고, 그래서 그런 상태가 바람직하다는 사실을 의식하면서 교실에 있을 때 우리는 훌륭한 수업을 하게 됩니다. 그렇지 않고 교실에서 우리 자신의 교육학적 완전함에 이르지 못한 채로 내내 만족한다면, 우리의 수업은 형편없을 것입니다.

15   그런데 여러분이 초·중학교에서 해마다 아래에서 위로 올라가면서 모든 학년을 가르쳤다고 한번 생각해 보십시오. 해마다 학년 말에 제가 언급한 것과 같은 심정으로 자신에게 말하고는 다시 가령 8학년에서 1학년으로 차례로 내려갑니다. 그러면 이렇게 말하게 되리라고 할지 모르겠습니다. "나는 이제 그동안 내가 배운 것을 가지고 가르치기 시작하니까 올바르게 가르칠 수 있겠지. 그래서 아주 훌륭한 교사가 될 수 있을 거야!" 하고 말입니다. 하지만 그렇게 되지는 않습니다. 경험은 여러분의 영혼 앞에 완전히 다른 것을 내

놓을 것입니다. 여러분이 제대로 된 마음가짐이라면 2학년, 3학년 말에 이렇게 말하게 될 것입니다. "이제 나는 7학년, 8학년 아이들과 함께 작업하면서 할 수 있는 모든 체험을 했다. 해마다 학년 말에 나는 한 해 동안 어떻게 하는 게 옳았을지를 알게 된다." 그러나 다시 4, 5학년을 가르치기 시작할 때 여러분은 이전에 어떻게 가르쳤어야 했는지를 모르게 될 것입니다. 왜냐하면 이제 여러분은 지난 일 년 동안 가르치고 나서 가졌던 의견을 수정할 것이기 때문입니다. 또 여러분이 8학년을 가르친 다음에 다시 모든 것을 수정하고 나서 다행히도 다시 1학년을 맡는다면, 여러분은 이전과 같은 처지에 놓일 것입니다. 물론 여러분은 이전과는 다른 정신을 바탕으로 가르치게 되겠지만 말입니다. 그러나 여러분이 우쭐거리는 식으로 가지는 회의가 아니라 제가 이야기한 대로 어리석은 의심이 아닌 내적이고 진실되며 고상한 회의를 품은 채 계속 가르친다면, 그런 회의를 바탕으로 해서 여러분은 상상할 수 없는 커다란 힘을 얻을 것이고, 여러분은 그 힘 덕분에 여러분이 맡은 아이들과 함께 더 많은 것을 달성할 수 있을 것입니다. 조금도 의심할 여지가 없이 그렇게 됩니다. 그러나 이는 사실 삶을 위해서 더 나은 결과를 가져오기보다는 그저 다른 결과를 낳을 뿐입니다. 여러분이 질적인 면에서 아이들에게서 만들어내는 것은 애초에 아이들에게 있는 것보다 크게 나아지지 않으리라고 말하고 싶습니다. 여러분의 영향은 그저 좀 다른 결과를 만들어내는 데 그칠 것입니다. 여러분은 질적으로는 뭔가다른 것을 만들어낼 것이지만, 양적으로는 딱히 더 이루어 내지는 못할 것입니다. 근본적으로 보면 여러분이질적으로 뭔가를 만들어낸다는 것으로 충분합니다. 왜냐하면, 꼭 필요한 고상한 회의와 내적인 겸손으로 우리가 앞에서 서술한 방식으로 습득하는 모든 것은 우리로 하여금 인간에게서 인격체 전체를 만들어내는 것으로 이어지기 때문입니다. 우리가 똑같은 학급을 두 번맡아서 똑같은 교육적 복제품을 두 번 세상에 내놓는일은 불가능합니다! 그보다 우리는 제각기 다른 모습의인간을 세상에 전합니다. 우리는 우리의 할동으로 인간의 삶을 다양해지도록 합니다. 그런데 그것은 추상적인원칙들을 만들어 내어 이루어지는 것이 아닙니다. 삶의 그런 다양성은 오히려 방금 서술한 것처럼 삶에 대한 어떤 심오한 이해에서 나오는 것입니다.

16   이제 여러분은 이렇게 자신의 거룩한 직업에 대해 어떤 태도를 취하는지가 그 누구보다 교사에게 중요하다는 사실을 아시게 되었습니다. 그것은 의미 없는 일이 아닙니다. 수업과 교육에서 가장 중요한 것은 계량할 수 없기 때문입니다. 그런 신념을 가지고 교실에 들어서는 교사는 그렇지 않은 교사와는 다른 것을 이룹니다. 우리 일상에서 늘 물리적으로 큰 것이 가장 중요한 것이 아니라 때로는 오히려 작은 것이 중요한 것처럼, 우리가 거창한 말로 하는 것이 언제나 가장 중요한 것이 아니라 때로는 교실에 들어서기 전에 마음속에 지닌 감정이 가장 중요합니다. 예를 들어 교실에 들어갈 때 우리가 편협하고 개인적인 인간으로서의 자신을 뱀이 허물 벗듯이 휙 벗어 던지는 것이 매우 중요합니다. 사실 사람들이 아무 생각 없이 말하듯 교사는 "그저 평범한 한 인간일 뿐"이므로 어제 마지막 수업을 마친 뒤부터 오늘 첫 수업을 시작할 때까지 어쩌면 온갖 일을

다 겪을 수 있습니다. 그 시간에 빚쟁이의 독촉을 받거나, 인생에서 늘 그렇듯 아내와 다퉜을 수도 있습니다. 그런 일들은 불쾌하게 만듭니다. 그런 불쾌감이 우리 영혼의 기본 상태를 이룹니다. 또한 기쁘고 유쾌한 기분이 될 수도 있습니다. 어느 학생의 아버지가 교사를 아주 맘에 들어 해서 사냥한 토끼를 보내거나 여자 교사에게는 꽃다발을 보내는 일도 있을 것입니다. 인생에서 우리가 그런 기분을 가지게 되는 것은 당연합니다. 그런데 교사인 우리는 그런 기분을 벗어 던지고 오로지 가르쳐야 하는 내용을 바탕으로 말하도록 우리 자신을 교육해야 합니다. 그래야 어떤 대상을 설명할 때 그 대상을 바탕으로 비극적으로 말하기 시작해서 설명을 이어가는 가운데 그 대상에 우리 자신을 완전히 맡기면서 유머러스한 분위기로 넘어갈 수 있습니다. 그런데 이때 관건은 슬프거나 감상적인 것과 유머에 대한 학급의 모든 반응을 우리가 인지하는 능력이 있느냐는 것입니다. 그것을 인지하는 능력이 있다면 우리는 슬픔이나 감상, 유머 같은 것이 아이들의 영혼에 뭔가 특별한 의미가 있다는 사실을 알게 됩니다. 그래서 우리가 유머와 감상과 슬픔이 교차되는 가운데 수업이 진행되도록 한다면, 어떤 분위기에서 다른 분위기로 넘어갔다가 다시 이전의 분위기로 돌아가도록 이끈다면, 어느 정도 기본적인 진지함이 필요한 뭔가를 설명한 다음에는 다시 좀 가벼운 분위기로 넘어가는 방식으로 자연스럽게 내용을 가르칠 수 있다면, 신체라는 유기체를 위한 들숨날숨처럼 영혼의 분위기를 위한 무엇인가를 만들어냅니다. 수업을 할 때 중요한 일은 우리가 단순히 지적이거나 주지주의적으로 가르치기보다는 내적인 분위기를 고려하는 것입니다. 그 이유는 이렇습니다. 슬픔, 감상, 무거운 내적 분위기란 무엇입니까? 그런 것은 유기체의 들숨, 유기체가 공기로 자신을 채우는 것과 조금도 다르지 않습니다. 우리 물질체가 점점 움츠러드는 가운데 그런 물질체의 압축으로 인해 우리의 아스트랄체가 물질체에서 빠져나온다는 것을 우리가 지각하는 것이 바로 슬픔의 의미입니다. 유머러스한 분위기의 의미는, 우리가 물질체를 둔감하게 하면서 반대로 아스트랄체를 최대한 부풀려 주변으로 확장시키고, 그래서 가령 어떤 빨간 것을 그저 보는 것이 아니라 그 대상 안으로 들어감을, 그 빨간 것을 뒤덮도록 우리의 아스트랄체를 확장시켜 대상 안으로 들어감을 지각한다는 것입니다. 웃는다는 것은 우리가 얼굴의 아스트랄체를 우리 인상에서 내보내는 것과 다름이 없습니다. 웃음은 아스트랄적인 날숨과 같다는 말입니다. 다만 이런 것들을 적용하려 할 때는 역동성을 위한 어떤 느낌을 가질 필요가 있습니다. 우리가 꼭 무겁고 근엄한 내용을 다룰 때만 직접적으로 유머를 동원한다면, 이는 늘 적절한 것은 아닙니다. 하지만 언제나 우리는 수업에서 아이들의 영혼이 무겁고 슬픈 내용에 숨이 막히지 않고 오히려 그런 것들에서 풀려나 그런 영혼의 대조적인 분위기들 사이에서 제대로 숨을 쉴 수 있도록 해주는 수단과 방법을 찾아낼 수 있습니다.

17   이렇게 저는 수업에서 교사가 만들어내야 할 여러 분위기가 어떻게 이루어지는지에 대한 서언을 여러분에게 말씀드렸습니다. 이는 그 어떤 특별한 교육학만큼이나 중요합니다.

제2강

슈투트가르트, 1920년 9월 16일

1   교육과 수업에서 어떤 식으로든 정신적으로 인간 전체를 느끼지 못한다면, 우리는 당연히 교육도 수업도 제대로 하지 못합니다. 왜냐하면 아동 발달이 이루어지고 있는 시기에는 그 뒤의 다른 시기보다 훨씬 더 인간 전체가 고려되기 때문입니다. 사실 우리가 아는 것처럼, 이 인간 전체 안에는 자아, 아스트랄체, 에테르체, 물질체가 있습니다. 인간 본질의 이 4구성체는 사실 모두 균등하게 발달하지 않고 각각 아주 다른 방식으로 발달하며, 따라서 우리는 물질체와 에테르체의 각기 다른 발달, 아스트랄체와 자아의 각기 다른 발달을 정확하게 구별해야 합니다. 그런 세세한

발달의 차이는, 이곳저곳에서 제가 한 언급을 통해 여러분이 아시게 된 것처럼, 이갈이를 비롯해서 남성의 경우 사춘기에 이루어지는 목소리의 변화, 그리고 방식이 다르기는 하지만 여성에게서도 확실하게 이루어지는 변화 등으로 바깥으로 드러납니다. 남성의 변성이라는 현상이 여성의 유기체에서는 더 여러 부분에서 일어나고, 그래서 남성과는 다르게 한 곳만이 아니라 여성의 전체 유기체에서 나타나기는 하지만, 그런 현상의 본질은 양쪽 모두 동일합니다.

2　　아시다시피 우리가 특히 초·중학교에서 수업을 하는 것은 이갈이부터 변성기 또는 사춘기에 이르는 시기에 이루어집니다. 그러나 변성 또는 그에 해당하는 여성 유기체의 변화가 나타난 뒤 몇 해도 수업과 교육에서 세심한 주의가 필요한 시기로 여겨야 합니다.

3　　이갈이가 무엇을 뜻하는지 분명하게 생각해봅시다. 출생부터 이갈이에 이르는 시기에 아이의 유기체 안에서 물질체와 에테르체가 신경감각체계로부터

받는 영향, 즉 위에서 아래로 강하게 주어지는 영향에 대한 외적인 표현이 바로 이갈이입니다. 물질체와 에테르체는 대략 7세까지 머리로부터 가장 크게 영향을 받습니다. 머리 안에는 어떤 힘들이 집약되어 있고, 그 힘들이 모방이 중요한 역할을 하는 이 시기에 특히 강하게 작용하는 것입니다. 그리고 몸통과 사지 등 유기체의 다른 부분들에서 이루지는 형성 활동은 머리로부터 방사되는 힘이 몸통 유기체와 사지 유기체로, 물질체와 에테르체로 퍼져 들어감으로써 이루어집니다. 머리에서 나와 손가락과 발가락 끝까지 아이 전체의 물질체와 에테르체로 들어가는 것, 머리에서 나와 아이 전체 안으로 퍼져 들어가는 것, 그것은 물질체에서 나오기는 하지만 영혼 활동입니다. 그리고 그것은 나중에 영혼 안에서 지성과 기억력으로 작용하는 것과 동일한 영혼 활동입니다. 그래서 이갈이 이후에 아이가 생각하기를 시작하면 자신의 기억을 더 잘 의식하게 됩니다. 아이의 영혼 활동과 함께 이루어지는 모든 변화가 보여주는 것은 7세부터 아이 안에서 활동하는 특정한 영혼적인 힘들이 그 이전에 유기체 안에서 작용하던 영혼의 힘들이라는 사실입니다. 그 때의 힘들은 유기체 안에서 작용합니다. 이갈이를 할 때까지 아이의 성장 전체는 7세 이후에 지성의 힘들, 지적 힘들로 등장하게 될 것과 동일한 힘들의 결과물입니다.

4   이렇게 영혼이 7세 때 신체에서 풀려나 신체에 작용하지 않고 자신을 위해 작용한다는 사실에서 여러분은 영혼과 신체의 매우 현실적인 공동작업을 확인하게 됩니다. 7세가 되면, 신체 안에서 이제 스스로 새로이 태어나는 영혼의 힘들이 작용하기 시작합니다. 그리고 이 힘들의 작용은 이제 다음 육화가 이루어질 때까지 이어집니다. 또한 신체에서 바깥으로 방출되는 것은 반사되는 반면, 머리에서 아래쪽으로 향하는 힘은 저지됩니다. 이로 인해 이갈이를 하는 이 시기에는 위에서 아래를 향하는 힘들과 아래에서 위로 치솟는 힘들 사이에 아주 강렬한 싸움이 벌어집니다. 이갈이는 그런 두 종류의 힘들이 벌이는 싸움이 신체적으로 표현되는 것입니다. 나중에 아이에게서 지성적이고 지적인 힘으로 나타나는 힘들, 그리고 무엇보다 형태 그

리기, 미술, 글씨 쓰기 등에 사용되는 힘들이 그것입니다. 우리는 이렇게 솟아오르는 모든 힘을 그리기를 바탕으로 글자 쓰기를 배울 때 사용합니다. 원래 그 힘들이 입체적인 형상 만들기와 형태 그리기 등으로 나아가려는 본성이 있기 때문입니다. 그것은 이전에는 아이의 신체 형성을 맡았다가 이갈이 시기에 그 작용을 마무리하게 되는 조형력으로, 이갈이가 끝나고 나면 우리는 그 힘을 아이에게 형태 그리기, 그림 그리기 등을 가르칠 때 이용합니다. 그 힘들은 정신세계로부터 아이에게 넣어진 것으로, 아이의 영혼은 수태되기 전에 그 정신세계에서 살았습니다. 이 힘들은 먼저 신체적인 힘으로서 머리를 형성하고, 그런 다음 7세부터는 영혼의 힘들로 작용합니다. 그래서 이 힘들이 아이가 의식할 수 없이 신체 안으로 들어와 아이로 하여금 이갈이 이전에는 의식하지 못하는 가운데 모방하도록 했지만, 7세부터는 우리가 우리의 권위를 바탕으로 하는 영향력을 발휘하기 위해 그 힘들을 이용하게 되는 것입니다. 훗날 아이가 조각가, 화가가 되거나 건축가가 된다면, 그것도 형상들을 바탕으로 작업하는 아주 올바른 건축가가 된다면, 그런 일은 그 인간이 유기체 안에서 아래쪽으로 번져 내려간 것, 즉 머리에서 유기체 아래로 번져 내려간 힘들 가운데 일부를 유기체 안에, 머리라는 유기체 안에 붙잡아두는 소질이 있고, 그 덕분에 나중에도 아이의 신체 안으로 그 힘들이 번져 내려갈 수 있기 때문에 가능해집니다. 그 힘들을 전혀 붙잡아 둘 수 없어서 이같이 시기에 모두 영혼적인 것으로 변해버리면, 우리가 만나는 그런 아이는 그림을 그리고 조각하고 건축하는 소질이 전혀 없게 되고, 결코 조각가가 될 수 없습니다.

5   이것이 바로 이 힘들이 죽음과 새로운 탄생 사이에 우리가 경험했던 것과 관계가 있다는 비밀입니다. 우리가 교육 활동을 할 때 필요한 경외심, 일종의 종교적 성격일 수도 있는 경외심을 가지게 되려면, 7세 무렵의 아이에게서 이끌어낼 수 있는 힘들, 그리기와 쓰기를 배우는 데 우리가 이용하는 그 힘들은 근본적으로는 하늘로부터 우리에게 보내진다는 사실을 의식해야 합니다. 그 힘들을 우리에게 보내주는 것은 정

신세계이며, 아이는 그 매개체이며, 우리는 정신세계로부터 보내진 힘들을 대상으로 작업한다는 사실 말입니다. 정신적이며 신적인 것에 대한 이런 경외심이 수업에 속속들이 스며들면, 실제로 기적 같은 일이 수업에서 일어납니다. 그리고 여러분 자신이 탄생 이전의 시기에 정신세계에서 발달한 힘들과 연결되어 있다고 느낄 때, 깊은 경외심을 일으키는 감정을 지니고 있을 때, 여러분은 사람들이 해야만 하는 그 어떤 지적인 궁리보다 그런 감정을 통해서 더 많은 것을 해낼 수 있다는 사실을 깨닫게 됩니다. 교사가 지니고 있는 감정은 교육을 위해서 그 무엇보다 중요한 수단입니다. 또한 이 경외심은 아이를 교육하는 데 엄청난 영향을 미치는 어떤 것입니다.

6   이렇게 이갈이 무렵에 아이에게 일어나는 일에서 우리는 아이를 통해 정신적 힘들이 정신세계로부터 물질세계로 직접 이식된다는 것을 알게 되었습니다.

7   사춘기 동안에는 또다른 과정이 일어나는데,

그 과정은 7세에서 14, 15세에 이르는 시기 내내 천천히 준비됩니다. 이 시기에는 영혼에서 아직 의식의 빛이 비추어지지 않은 영역에서 어떤 움직임이 일어납니다. 의식은 이제 겨우 만들어지기 시작하고, 의식하지 못하는 것이 외부 세계로부터 지속적으로 우리 안으로 비추어 들기 때문에 그렇습니다. 이제 그 영역에서 의식되는 어떤 것이 생기기 시작하는데, 이는 외부세계로부터, 그러나 이미 이 지상에 태어날 때부터 아이를 속속들이 비춘 것, 아이의 신체를 만드는 데 참여하고 아이 안으로, 조형하는 힘들 안으로 들어온 어떤 것입니다.

8   여기에 다시 다른 힘들이 있습니다. 조형하는 힘들은 내부로부터 머리 안으로 들어가는 반면, 이제는 이 조형하는 힘들이 외부에서 들어와 유기체 안으로 내려갑니다. 외부 세계로부터 머리를 통해 신체 안으로 작용하는 힘들, 조형하는 힘들을 통해 안으로 들어가 7세부터 아이의 신체 형성에 작용하는 이 힘들을 저는 언어와 음악 안에서 작용하는 힘들이라고 부를 수밖에 없습니다. 이 힘들은 우주로부터 안으로 받아

들여진 것입니다.

9   음악적인 종류의 힘들은 외부 세계로부터, 즉
인간 바깥의 세계로부터 더 많이 들어옵니다. 자연을
관찰하는 것, 자연의 과정들을 관찰하는 것, 무엇보다
자연의 규칙성과 불규칙성을 관찰하는 것을 통해 받아
들여집니다. 자연에서 일어나는 모든 것에는 사실 비
밀스러운 음악이 들어있는데, 그것은 우주의 음악이
이 지상에 투사된 것입니다. 모든 식물, 모든 동물은 본
래 우주의 음악이 울리는 소리와 결합되어 있습니다.
이는 인간의 몸도 마찬가지입니다만, 그 음악은 인간
의 언어 안에, 즉 영혼의 자기 표현인 언어 안에는 들어
있지 않으며, 인간 몸의 형태 등에 들어있습니다. 이 모
든 것을 아이는 의식하지 못하는 채로 받아들이고, 그
렇게 받아들이는 모든 것 덕분에 아이들이 그토록 음
악적인 존재가 됩니다. 아이들은 그 모든 것을 자신의
유기체 안으로 받아들입니다. 아이들이 움직임의 형태,
선으로 된 것, 조형적인 것 등에서 체험하는 것은 내부
로부터, 즉 머리로부터 옵니다. 그러나 이와는 반대로

음으로 이루어진 것에서, 언어적 내용에서 아이가 받아들이는 것은 외부에서 들어옵니다. 그리고 이렇게 바깥에서 들어오는 것에는 이전보다는 조금 늦은 14세 무렵에 다시 무엇인가가, 즉 내면에서 점차 발달하는 음악과 언어라는 정신적 요소가 작용합니다. 이것이 여성의 경우에는 유기체 모든 곳에서 작용하고, 남성에서는 주로 후두 부분에서 작용하여 목소리를 변화시킵니다. 결국 이 모든 것은 내면에서 오는 한층 의지적인 요소가 외부에서 오는 의지적인 요소에 맞서 싸움으로써 일어나는 셈입니다. 그리고 이 싸움에서 생기는 것이 변성, 그리고 사춘기에 나타나는 것들입니다. 그것은 내면의 음악적이고 언어적인 힘들과 외부의 음악적이고 언어적인 힘들 사이의 싸움입니다. 근본적으로 7세까지 인간 안에는 음악적인 힘들보다, 즉 유기체 안을 속속들이 달구는 음악적이고 언어적인 힘들보다는 조형적인 힘들이 더 많이 들어 있습니다. 7세부터 에테르체 안에는 음악적이고 언어적인 것이 특히 강하게 활동합니다. 그러면 자아와 아스트랄체가 맞서게 됩니다. 즉, 외부의 의지적 요소가 내면의 의지적 요소와 싸우고, 그런 싸움이 사춘기에 바깥으로 드러납니다. 이런 변화가 남성과 여성에게서 서로 다르다는 것은 음역대가 다르다는 사실로도 바깥으로 드러납니다. 남성과 여성의 음역은 부분적으로만 겹쳐서, 여성의 목소리는 더 높이 올라가고, 남성의 목소리는 베이스까지 내려갑니다. 이런 힘들 사이의 싸움으로 인한 다른 유기체의 구조도 이 현상에서 벗어나지 않습니다.

10   이런 사실들은 우리가 영혼 활동에서 유기체의 형성에 완전히 특정한 목적으로 참여하여 작용한다는 사실을 말해줍니다. 오늘날 여러분이 현재의 학문을 바탕으로 하는 심리학 서적이나 심리학 논쟁에서 경험하는 모든 추상적인 요설들, 그 모든 심리학적 병행론은 영혼적인 것과 신체적인 것 사이의 진정한 연관관계에 대해서는 아무것도 모르는 우리 철학자들의 무지에 대한 증거에 지나지 않습니다. 왜냐하면 영혼적인 것은 심리학의 병행론자들이 만들어낸 터무니없는 이론처럼 신체적인 것과 연관되어 있지 않고, 우리가 다루는 것은 신체 안에서 일어나는 영혼적인 것의

아주 구체적인 작용인 동시에 곧 언급하겠지만 그 작용에 대한 반응이기 때문입니다. 7세까지는 조형적이고 건축적인 것이 음악적이고 언어적인 것과 더불어 작용합니다. 다만 7세 때부터는 음악적이고 언어적인 것과 조형적이고 건축적인 것 사이의 비율만 달라집니다. 그러나 머리에서 나오는 동시에 머리 안에 자리 잡고 있는 조형적이고 건축적인 것과 외부 세계로부터 와서 머리를 통과점으로 이용한 다음에 유기체 안으로 퍼지는 언어적이고 음악적인 것 사이의 상호작용은 인간의 사춘기에 이르기까지 내내 일어납니다.

11   이를 통해서 우리는 인간의 언어, 특히 음악적인 요소가 인간의 형성에 참여해서 작용한다는 사실을 알아채게 됩니다. 그것은 먼저 인간을 형성하고, 그 다음에는 후두에서 멈추어 모입니다. 그곳에서 그것은 이전처럼 문을 통과하지 못합니다. 골격 체계를 포함해서 우리의 기관들을 변화시킨 것은 이전에는 사실 언어였습니다. 오늘날 우리 철학자들의 어리석은 심신일원론이 아니라 진정한 심신일원론적인 관점에서 인

간의 골격을 관찰하여 남성과 여성의 골격 차이를 확인하는 사람이라면, 인간 유기체와 외부 세계 사이의 상호작용에서 일어나는 음악적인 활동이 그 골격 안에 체화되어 있음을 볼 것입니다. 인간의 골격을 그런 방법으로 파악하는 것은 마치 우리가 연주하는 소나타 한 곡이 어떤 정신적 결정結晶 과정을 통해서 고정되고, 그로부터 인간 골격의 주된 형태와 구조를 알게 되는 것과 같습니다! 그런 방식은 인간과 동물의 차이도 여러분에게 말해 줄 것입니다. 동물에서 언어적이고 음악적인 요소로 받아들인 것은 – 언어적은 것은 아주 조금인 반면에 음악적인 것은 아주 많지만 – 관통합니다. 인간과 같은 정도로 단절된 상태에서는 받아들인 것이 변화되지만, 동물은 인간만큼 단절된 상태가 아니므로 그렇습니다. 동물의 골격 형태에서도 음악적인 각인이 발견되기는 합니다. 그러나 그것은 동물원에서 하듯이 다양한 뼈를 조합해 놓아야 동물에게 있는 음악적인 연관성이 드러나는 정도입니다. 동물은 그 구조에 있어 언제나 일면성을 보입니다.

12   이런 사실들이 우리가 특별히 고려해야 할 것
이고, 어떤 감정들을 발달시켜야 하는지 우리에게 보
여주는 것입니다. 앞에서 이미 서술한 것처럼 우리가
출생 이전의 것과의 맥락과 부합을 가꾸어 더욱 큰 경
외심을 얻는다면, 우리는 인간에게 있는 다른 힘들 안
으로 깊이 들어 감으로써 수업을 위한 더욱 강한 열정
과 정열을 갖게 됩니다. 디오니소스적인 요소는 음악
수업과 언어 수업에 흡사 빛처럼 비쳐 들고, 또 조형 수
업, 수채화와 소묘 수업 등을 위해서는 아폴로적인 요
소를 더 얻을 수 있습니다. 우리는 음악적이고 언어적
인 것과 연관된 수업은 열정적으로 하고, 다른 수업은
경외심을 가지고 합니다.

13   조형적 힘들은 한층 강하게 작용하고, 그래서
이미 7세에 멈춥니다. 다른 힘들은 그보다 약하게 작용
하여 14세에 멈춥니다. 여기서 강하고 약하다는 것을
물리적인 강함이나 약함으로 받아들이면 안 됩니다.
그것은 어떤 작용에 맞서 일어나는 반작용을 의미하는
것이니 말입니다. 조형적인 힘들이 더 강해서 인간 유

기체를 뒤덮으면, 그 저항력도 더 강해집니다. 따라서 그런 힘들은 일찌감치 멈춰져야 하고, 다른 힘들은 우주적 인도에 의해 유기체 안에 더 오래 머물도록 허용됩니다. 인간은 조형적 힘들보다 음악적 힘들과 더 오래 함께합니다.

14 여러분이 이것을 여러분 안에서 무르익게 하고 또 이것을 위한 열정을 지닌다면, 여러분은 자신에게 이렇게 말하게 될 것입니다. "일찌감치 초·중학교 시기, 즉 아직 그런 싸움이 진행되는 시기에, 그리고 내가 아이의 영혼만이 아니라 신체적인 것에도 작용하는 곳에서, 내가 아이 안에서 언어적인 것, 음악적인 것이 감지되도록 한다면, 나는 죽음을 넘어 여전히 작용하는 것, 인간이 죽은 뒤에도 계속 가져갈 무엇인가를 미리 준비해 주는 것이다." 초·중학교 시기에 아이에게 음악적이고 언어적인 것을 가르침으로써 우리는 그 준비 작업에 동참합니다. 또한 이런 사실은 우리로 하여금 열정을 갖게 하는데, 그렇게 하는 것이 미래를 향해 가는 작업임을 알기 때문입니다. 그와는 달리 조형적인 힘들로

작용하면 우리는 태어나기 전, 수태되기 전에 이미 인간 안에 있던 것과 일치를 이루게 되고, 이는 우리에게 경외심을 줍니다. 우리는 다른 것을 통해 미래를 향해 가게 됩니다. 우리 자신의 힘들을 넣어 주면서 알게 되는 것은, 물질적인 것을 벗어 던진 뒤에 언어와 음악에 있어 미래에 이르도록 작용하는 어떤 것을 통해 우리가 음악적이고 언어적인 맹아를 열매 맺게 한다는 사실입니다. 음악은 천상적인 것이 반사되어 공기 중에 있는 것이므로 물질적입니다. 공기는 일종의 매개체로, 음들을 물질적인 것으로 만들고, 후두 안에서 언어를 물질적으로 만드는 것도 공기입니다. 반면에 언어 공기 안에 있는 물질적이지 않은 것, 음악 공기 안에 있는 물질적이지 않은 것은 죽음 이후에 비로소 제대로 활동을 펼치는 어떤 것입니다. 이것이 수업을 위한 어떤 열정을 우리에게 줍니다. 그렇게 하는 것이 미래를 향해 작업하는 것임을 우리가 알기 때문입니다.

15   교육의 미래는 더 이상 오늘날처럼 교사들에게 말로 전하는 것이 아니라 감정으로 바뀔 수 있는 관

념들과 표상들만을 전하는 것에 달려있습니다. 왜냐하면 경외심과 열정으로 수업할 수 있기 위해 요구되는 경외심과 열정을 교사인 우리 자신 안에 형성하는 능력을 갖는 것보다 더 중요한 것은 없기 때문입니다. 경외심과 열정은 교사의 영혼을 속속들이 정신화 할 두 가지 힘으로 여겨지는 숨겨진 근원적인 힘들입니다.

16   여러분이 사실을 더 잘 이해하시도록 제가 언급하고 싶은 한 가지는 음악적인 요소가 바로 아스트랄체 안에 살고 있다는 것입니다. 인간은 죽은 다음에도 얼마 동안 아스트랄체를 지니고 있습니다. 저의 책 〈신지학〉을 읽어 아시는 것처럼 인간이 아스트랄체를 벗어 던질 때까지는 언제나 일종의 회상이 이루어지는데, 이는 죽은 뒤에 인간 안에 남아있는 지상의 음악에 대한 어떤 기억일 뿐입니다. 이로 인해 인간이 생전에 받아들인 음악적인 것이 음악적인 기억처럼 계속 영향을 주게 되는데, 그 영향은 인간이 아스트랄체를 벗어버릴 때까지 이어집니다. 그런 다음 죽은 뒤에 울리는 이 지상의 음악은 우주의 음악으로 바뀌어 새로운 탄생이 이

루어질 때까지 얼마 동안 우주의 음악으로 남아 있습니다. 이를 이해하려면 인간이 지상에서 받아들인 음악이 죽음 이후에 인간의 영혼 유기체의 발달에 큰 역할을 한다는 사실을 알아야 합니다. 영혼 유기체의 발달은 죽음 이후의 이런 카말로카Kamaloka(고대 인도 사상과 불교에서 사후에 가게 되는 "감정(욕구)의 장소(세계)"를 말한다. 인지학에서는 사후에 물질계-에테르계를 떠나 아스트랄계와 만나는 "행성 영역"을 가리킨다 - 역자) 시기에 이루어집니다. 이것이 카말로카의 좋은 점입니다. 그러나 사람들에게서 그런 통찰을 배제한다면, 우리는 천주교 신자들이 "연옥"이라고 부르는 것에 대해 본질적으로 사람들을 안심시킬 수 없습니다. 천주교 신자들에게는 그런 것이 있어야 합니다. 그렇지 않으면 자신들이 어떤 불완전한 것을 행했는지 통찰할 수 없는 경우에는 불완전한 상태로 머물 수밖에 없을 것이니 말입니다. 인간이 죽은 뒤 아직 아스트랄체를 지니고 있는 시기에 음악적인 것을 많이 기억할 수 있다는 사실을 안다면, 우리는 다음 삶에서 더 낫게 만들어져 있을 가능성을 열어놓는 것입니다. 이런 점은 낮은 차원의 신비주의에서도 이미 탐구한 내용입니다. 여러분이 어떤 연주회에서 음악을 듣고 는 밤중에 잠에서 깨어나면, 여러분은 그 연주회에서 들은 것 전부를 잠 자는 동안 한 번 더 체험했음을 깨닫 게 될 것입니다. 연주회 이후에 밤중에 잠에서 깼을 때 는 수면 중에 오히려 훨씬 더 잘 들었다고 여기게 됩니 다. 그럴 때 여러분은 음악을 아주 충실하게 체험합니 다. 그럴 때 음악적인 것은 아스트랄체 안으로 깊이 새 겨지고, 그렇게 새겨진 것이 거기에 머물면서 여운을 일으킵니다. 그리고 그런 여운은 사람이 죽은 뒤에도 30년 정도 이어집니다. 음악적인 것은 언어적인 것보다 그 여운이 훨씬 오래갑니다. 언어적인 것 자체는 우리 가 죽은 뒤에 비교적 빨리 사라지고, 그것의 정신적 핵 심만 남게 됩니다. 음악적인 것은 아스트랄체가 유지되 는 한 그대로 머뭅니다. 우리가 언어적인 것을 가령 제 가 요즘 자주 언급하는 낭송예술처럼 받아들인다면, 그 것은 우리가 죽은 뒤에 크게 이로울 것입니다. 우리가 낭송예술에서 죽음 이후 아스트랄체의 특별한 진행을 파악하지 않고는 이 낭송예술을 제대로 알지 못하는 것 이라는 저의 설명에는 당연히 충분한 근거가 있습니다.

그런 상태라면 사람들은 제가 오이리트미 강좌에서 한 것처럼 이 문제를 설명할 수밖에 없습니다. 마치 보토 쿠도족(남미 브라질의 원주민 부족. 19세기부터 유럽인들이 원시적인 행동과 문화를 가진 인간을 폄훼하는 표현으로 자주 썼다 – 역자) 같은 언어로 사람들에게 말하리라는 것입니다. 사실이 그렇습니다. 죽음의 문턱 너머의 관점에서 보면 인간은 보토쿠도족에 지나지 않으며, 죽음의 문턱을 넘어선 다음에야 인간은 진정한 인간입니다. 그런데 정신적인 것을 향해 노력할 때 우리는 그저 보토쿠도족과 같은 관점을 지닌 채 노력합니다. 우리가 하는 노력에 대한 보토쿠도족 사람들의 분노가 지금 점점 더 강하게 나타나는 것도 그 때문입니다.

17 　　　여기서 제가 여러분에게 주의를 환기할 점이 있습니다. 교육예술에서 특히 고려되고 또 우리가 교육적으로 사용할 수 있는 다음과 같은 사실 때문에 그렇습니다. 제가 앞서 언급한 그 싸움의 발현이 이갈이라는 것, 그리고 앞선 이갈이와 같은 것인 목소리의 변화가 나타나는 나중의 싸움에서는 7세까지의 시기에

는 머리에서 아래로 내려가는 모든 것이 내부에서 나와 신체를 형성하는 것을 일종의 공격으로 여긴다는 특별한 사실 말입니다. 또한 머리에 맞서 내부에서부터 작용하는 모든 것, 즉 내부에서 일어나 머리로부터 나오는 흐름에 맞서 작용하는 모든 것은 위에서 아래로 내려오는 것에 대한 일종의 방어입니다. 위에서 아래로 내려가는 것은 공격처럼 작용하고, 내부적으로는 방어처럼 작용합니다.

18 　　　그리고 음악적인 것에서도 또 유사한 일이 일어납니다. 거기에서는 내면에서 나오는 것이 일종의 공격처럼 작용하고, 머리 유기체를 통해 아래로 내려오는 것은 방어처럼 작용합니다. 우리에게 음악이란 것이 없다면, 우리 인간 안에서는 본질적으로 끔찍한 힘들이 솟아날 것입니다. 16, 17세기까지 고대의 전통적 신비들로부터 나오는 힘들이 영향을 미쳤고, 이로 인해 그 시대에는 사람들이 그런 신비들의 영향을 받는 가운데 글을 쓰고 말하면서도 신비들의 영향에 어떤 의미가 있는지 알지 못했지만, 비교적 나중에 등장한 사람들은 고

대 신비들에 대한 인식이 있었다는 것을 저는 확신합니다. 그래서 저는 "자기 자신 안에 음악이 없는 사람은 배신, 살인, 간계의 재주가 있다!"는 셰익스피어의 말에서 언제나 느끼는 것이 많았습니다. 그런 사람은 신뢰해서는 안됩니다. 고대의 신비학파에서 제자들이 받은 가르침이 있습니다. 인간의 내부에서 나와 공격적으로 작용하는 것, 그러므로 끊임없이 막아내어 인간 본성 안에 쌓이지 못하도록 해야 하는 대상, 그것은 "배신, 살인, 간계"입니다. 그리고 인간 안에서 울리는 음악은 그런 것에 저항해서 작용합니다. 음악은 "배신, 살인, 간계"라는 인간 내부에서 올라오는 루시퍼적 힘들을 막아내는 수단입니다. 우리는 누구나 내면에 배신과 살인과 간계를 지니고 있고, 또 세계는 인간을 기쁘게 하는 그런 것과 더불어 음악적이고 언어적인 요소를 지니고 있습니다. 여기서 물론 우리는 고대 신비의 스승들이 조금 다른 이야기를 했다는 사실을 주목해야 합니다. 그들은 그런 사실들에 대해 훨씬 구체적으로 발언했습니다. 그들이었다면 셰익스피어처럼 "배신, 살인, 간계"라고 뉘앙스를 더해 말하는 대신, "뱀, 늑대, 여우"라고 말했을 것입니다. 뱀, 늑대, 여우라면 인간 본성의 내면으로부터 오는 음악적인 요소에 의해 방어됩니다. 고대 신비의 스승들이라면 인간 안에서 일어나고 인간 안에서 먼저 변형되어야 하는 것에 대해서는 언제나 동물의 형태들을 사용했을 것입니다. 그와 마찬가지로 우리도 아이에게서 배신자적 소질을 지닌 뱀들이 올라오는 것을 보면 음악적이고 언어적인 수업으로 그것들을 물리치고, 생명을 앗아가는 늑대와 간계를 부리는 여우나 고양이들을 보아도 그렇게 물리칩니다. 이것이 바로 오늘날 사람들이 유일한 것으로 인정하는 격렬한 루시퍼적 열정이 아니라 이성적으로, 즉 올바른 열정으로 실천하는 대응입니다. 그러니 우리가 인식할 것은 "공격과 방어"입니다.

19   인간 안에는 방어가 이루어지는 두 가지 지평이 있습니다. 먼저 자기 자신 안에서 방어가 이루어지는데, 그런 방어는 7세 무렵에 이갈이에서 드러납니다. 그리고 인간이 수용하는 음악적이고 언어적인 것에서 방어가 이루어집니다. 음악적이고 언어적인 것을 통해

서는 인간 안에서 올라오려고 하는 것이 방어됩니다. 그런데 이 두 싸움터는 모두 근본적으로 인간 안에 있는데, 그 가운데 음악적이고 언어적인 것은 좀 더 주변에, 외부 세계에 가까운 반면, 건축적이고 조형적인 것은 내면의 인간, 내적 세계에 좀더 가깝습니다. 이에 더하여 세 번째 싸움터가 있는데, 이것은 에테르체와 외부 세계가 경계를 이루는 곳에 위치합니다. 에테르체는 언제나 물질체보다 커서 물질체 전부를 뒤덮고 있습니다. 거기에도 싸움터가 있습니다. 거기에서는 싸움이 의식의 영향 아래 일어나는 편인 것과는 반대로, 앞의 두 싸움은 무의식 상태에서 일어납니다. 세 번째 싸움은 의식하는 가운데 일어난다는 말입니다. 한편으로는 조형적이고 건축적인 것과 인간 사이에서 일어나는 것, 다른 한편으로는 음악적이고 언어적인 것과 인간 사이에서 일어나 에테르체 안으로 들어가서 아스트랄체를 장악하면서 외부 세계와의 경계를 향해 좀더 주변으로 자리를 옮기는 것이 모두 이루어질 때 그런 세 번째 싸움이 외적으로 드러납니다. 이로 인해 형태 그리기나 미술 등의 활동에서 손가락을 통해 솟아나는 모든 것이 일어납니다. 이것이 미술을 인간의 주변에 더 많은 영향을 미치는 예술이 되도록 합니다. 화가나 조각가는 작업할 때 내적 소질에 더 의지해야 하고, 음악가는 세계를 향한 몰입에 더 기대야 합니다. 다양한 형태와 선을 그리도록 함으로써 우리가 아이에게 가르치는 회화적이고 소묘적인 것 안에서 일어나는 일은 전적으로 표면에서 벌어지는 싸움, 즉 본질적으로 바깥에서 안으로 작용하는 힘과 안에서 바깥으로 작용하는 힘이라는 두 힘 사이에서 벌어지는 싸움입니다. 안에서 바깥으로 작용하는 힘은 인간을 원래 지속적으로 분산시키려고 하지만, 그래도 이 힘은 인간을 형성하는 활동을 지속하려 합니다. 강하게 하기보다는 섬세한 방식으로 그 활동을 이어가려 합니다. 이 힘에 대해서는 제가 아주 심하지는 않지만 조금 과격하게 표현해 봅니다. 그래야 여러분이 저의 의도를 이해하실 것입니다. 안에서 바깥으로 작용하는 이 힘은 우리에게서 눈이 부풀어오르고 갑상선을 만들고 코가 크게 자라도록 하고 귀가 커지게 합니다. 이 모든 것이 외부를 향해 부풀립니다. 또 다른 힘이 있는데, 이는 우리가 외부 세계로부터 빨아들이는 힘으로, 이 힘을 통해서 부풀어오르는 움직임이 저지됩니다. 그래서 우리가 그저 줄 하나를 긋고 그리는 것도 내부에서 나와 우리의 형태를 바꾸려는 활동을 외부 세계에서 들어온 힘으로 저지하려는 노력인 것입니다. 그것은 사람인 우리가 그림을 그리고 소묘하고 그래픽을 그리는 데 작용하는 복잡한 반사 운동입니다. 그림을 그리거나 캔버스 앞에 있을 때 실제로 우리는 조금씩 깨어나는 의식 속에서 이런 느낌을 갖게 됩니다. "너는 바깥쪽에 있는 것이 네 안으로 들어오지 못하게 하고 있는 거야. 너는 여러 형태와 선으로 두터운 벽이나 철조망을 만들고 있어." 우리의 그림 안에는 근본적으로 철조망이 있어서, 그것으로 우리는 내부에서 나와 우리를 파괴하려는 어떤 것을 붙잡아서 너무 급하게 작용하지 않도록 합니다. 그러므로 우리가 인간을 바탕으로 그림 수업을 연구한다면, 그 그림 수업은 가장 바람직하게 작용합니다. 여러분이 손이 어떤 움직임을 하려 하는지 연구하면, 오이리트미 수업 시간에 아이가 원하는 그런 움직임의 형태들을 유지하도록 한다면, 여러분은 파괴적으로 작용하려는 선을 붙들어 파괴하지 못하도록 막는 셈입니다. 다시 말해서 여러분이 오이리트미 형태들을 그리도록 시키기 시작하고, 그 형태들을 바탕으로 그리기와 쓰기를 해보도록 이끈다면, 여러분은 인간의 본성이 원래부터 하려 하는 것, 인간 본성의 발달과 본질에 관련된 어떤 것을 얻은 것입니다. 이런 점을 우리는 오이리트미에 있어서도 알아야 합니다. 에테르체 안에는 오이리트미를 하려는 경향이 늘 존재하며, 그것은 에테르체가 자연스레 하는 것이라는 사실 말입니다. 사실 오이리트미란 에테르체가 하려 하는 모든 움직임을 읽어내는 것에 다름 아닙니다. 원래 에테르체는 그런 움직임을 하는 것이며, 우리가 물질체에게 그런 움직임을 실행하도록 시키는 경우에만 에테르체의 움직임이 억제됩니다. 우리가 물질체에게 그런 움직임을 실행하도록 시키면 그 움직임은 에테르체 안에 붙잡혀 있게 되고, 그러면 그 움직임은 다시 우리에게 작용하여 우리 인간이 건강해지도록 작용합니다.

20   이것이 바로 인간 안에서 외적으로 인간을 건

강하게 하고 치유하는 작용을 하는 동시에 학습과 교육에 도움이 되는 방식으로 작용하는 어떤 것입니다. 이는 인간의 에테르 조직 안에서 떠오르려는 어떤 것이 물질체의 움직임 주변에 머물도록 저지된다는 사실을 알아야 이해할 수 있습니다. 한 번은 의지적 요소에 가까운 것이 오이리트미를 할 때 저지되고, 또 한 번은 주지주의적인 요소에 가까운 것이 형태 그리기와 그림 그리기에서 저지됩니다. 그러나 근본적으로 보면 이 과정은 동일한 한 가지 일이 지닌 서로 다른 양상일 뿐입니다.

21   이 과정을 다시금 분명하게 느껴 수업을 위한 감각적인 능력을 습득한다면, 이제 우리는 세 번째 감정을 갖게 됩니다. 이는 다름 아닌 초·중학교 수업에서 늘 충실히 가져야 하는 감정으로, 세상에 발을 들여놓으면서 원래 인간은 우리가 수업을 통해서 막아 주어야 하는 것들에 노출되기 마련이라는 것, 그렇지 않으면 인간이 너무 강하게 주변 세계로 흘러들게 되리라는 것을 느끼는 감정입니다. 근본적으로 인간은 늘 영

혼의 구루병에 걸리고 사지도 마찬가지로 구루병에 걸려 소인小人이 될 소질이 있습니다. 그런 인간을 대상으로 수업하고 가르치면서 우리는 그들의 형태를 만들어 갑니다. 형태 만들기가 가장 잘 된 것은 우리가 느낌으로 알게 됩니다. 그것은 아이가 어떻게 그리는지를 관찰하고 그것을 좀 다듬으면, 그것은 아이가 원하는 것이 아니고 내가 원하는 것도 아니고 둘이 원하는 결과입니다. 아이가 손가락이 가는 대로 그리려는 것에 대해 내 감정을 넣어 그것을 공감하여 내가 다듬을 수 있으면, 나의 감각이 아이와 함께 살게 되어 최상의 결과가 나옵니다. 내가 그것을 감각으로 바꾸어 몰입하면, 아이가 너무 강하게 외부 세계 안으로 성장해 들어가는 것을 막게 됩니다. 우리는 아이가 외부 세계 안으로 천천히, 너무 빠르지 않게 성장해 들어가도록 해야 합니다. 우리는 지속적으로 아이를 보호하는 손을 가져야 하는데, 이것이 바로 세 번째 감정입니다.

22   경외심, 열정, 보호하는 감정, 이런 것이 바로 교육자와 교사의 영혼 안에 있는 만병통치약이라고 말

하고 싶습니다. 그래서 우리가 예술과 교육의 합일을 이룬 사람으로서 외적으로, 예술가적으로 무엇인가를 성취하기를 원한다면, 다음의 것을 해내야 합니다.

아이의 현존 이전에 있는 그것에 대한 경외심.
아이를 뒤따르는 그것에 대한 열정적인 주목.
아이가 체험하는 것을 보호하는 움직임.

교사의 본성에 대한 이런 정리가 교사의 외적인 모습을 가장 잘 제시한다고 할 것입니다.

23   이런 경우에 우리는 우주의 비밀이 간직한 내용들을 바탕으로 무엇인가를 일상적인 언어로 말하면 근본적으로 언제나 만족스럽지 않게 느껴진다는 것을 알게 됩니다. 그런데 그런 것을 외적 언어로 표현해야 할 때 우리는 뭔가 보충이 필요하다는 느낌을 받습니다. 그런 경우에는 매우 추상적인 언어가 예술적인 것으로 비뀌는 경향이 언제나 존재합니다. 제가 이런 결론을 내리려 한 것도 그 때문입니다.

24 　　그것을 우리가 배워야 합니다. 우리는 미래의 분위기에 속하는 어떤 것을 우리 안에 지니는 법을 배워야 하는데, 이 미래의 분위기란 단순한 과학으로는 인간 스스로 일종의 영혼적, 정신적인 소인小人으로 태어났다고 여기게 될 것입니다. 그저 학자이기만 한 사람은 사고의 형성을 통해서라도 학문적인 것을 예술적인 것으로 바꾸려는 충동을 가지지 못합니다. 우리는 예술적인 것 안에서 비로소 세계를 파악합니다. 그래서 우리는 늘 이렇게 말할 수 있습니다. "자연이 자신의 비밀을 누군가에게 드러내면, 그 사람은 예술을 동경하게 된다."

25 　　우리가 지녀야 할 감정은 이런 것입니다. "네가 단순한 교육학자에 지나지 않는다면, 너는 백치다! 너 자신의 영혼적, 정신적, 신체적 유기체를 변형시킬 때, 너의 지식이 예술적 방식을 받아들일 때, 비로소 너는 인간이 된다." 교육자가 이에 영향을 미치겠지만, 본질적으로 미래의 발달은 학문을 세계에 대한 예술적인 파악으로, 기형적 탄생을 온전한 인간으로 이끌 것입니다.

제3강

슈투트가르트, 1920년 9월 21일

1 삶에서는 환경에 대한 인간의 관계가 올바르게 조화를 이루는 것이 중요합니다. 우리는 외부 세계가 제공하는 산물들을 적절한 방식으로 먹고 소화시킬 수 있습니다. 그런데 다른 사람이 어떤 특정한 상태까지 소화시킨 음식을 섭취한다면, 우리는 자신에게 제대로 영양을 공급할 수 없을 것입니다. 이런 사실이 여러분에게 확실하게 증언하는 것은, 어떤 것들이 외부로부터 어떤 특정한 형태로 섭취된 다음에 그것을 우리 자신이 소화시켜야 우리의 삶에 의미가 있게 되는 것이 중요하다는 사실입니다.

2   이런 사실은 교육, 교육예술처럼 차원 높은 영역에서도 마찬가지입니다. 교육예술에서 가장 중요한 것은 우리가 배워야 하는 어떤 것, 그리고 그렇게 배운 것을 통해서 실제 수업에서 우리 자신이 본질적으로 새로이 창조해내야 하는 어떤 것입니다. 우리가 잡다한 원칙과 완성된 명제들로 이루어진 학문으로서 교육을 배우면, 그런 것은 마치 다른 사람에 의해 이미 특정한 상태로 소화된 음식을 영양 공급의 수단으로 삼겠다는 것과 같습니다. 이와는 반대로 인간학, 즉 인간의 본질에 대한 인식을 배워 인간을 이해할 수 있게 되면, 이는 자연이 영양 공급의 수단으로 주는 것을 섭취하는 셈입니다. 그렇게 되면 실제 수업에서 우리는 그런 인간 인식을 바탕으로 깨어나서 언제나 우리 자신만의 교육예술을 실행하게 됩니다. 그런 교육예술은 근본적으로 매 순간 교사에 의해 새로이 창조되어야 합니다. 이것이 바로 제가 오늘 말하려는 것의 서언으로 드리고 싶은 이야기입니다.

3   수업과 교육에서는 두 가지가 매우 기묘한 방

식으로 서로 짜여 드는데, 한편으로 제가 음악적인 것이라고 부르고 싶은 것, 즉 청각을 통한 세계의 소리 요소, 그리고 또 한편으로는 시각을 통해 알려지는 세계의 상像 요소라고 부를 수 있는 것이 그것들입니다. 한편으로 청각을 통해서, 또 한편으로 시각을 통해서 인간에게 전달되는 이런 요소들 안으로는 또 다른 감각적 성질들이 섞여 드는데, 그렇게 되면 그런 또다른 성질들은 수업에서 시각이나 청각만큼은 아니지만 이차적인 의미를 지닐 수 있습니다.

4   이제 관건은 우리가 이 과정들을 신체 안에서까지 이해하는 것입니다. 여러분이 아시다시피, 오늘날의 외적 과학은 인간에게서 이른바 감각신경을 구별해서 말하는데, 이것은 감각기관으로부터 뇌를 비롯한 중추기관들로 연결되어 그곳에서 지각 활동과 표상 활동에 해당하는 모든 것을 전달하는 것입니다. 또한 그런 과학은 그런 감각신경 가운데 이른바 운동신경도 구분해서 말하는데, 이 운동신경은 중추기관으로부터 운동기관들로 가서 그 운동기관들을 움직이도록

되어 있습니다. 아시다시피 정신과학의 관점에서 우리는 이런 분류를 반박해야만 합니다. 이른바 감각신경과 운동신경 사이에는 그 어떤 차이점도 존재하지 않습니다. 이 둘은 하나이며 동일한 존재로, 근본적으로 운동신경은 우리가 몸을 움직여야 하는 순간에 그 움직이는 기관과 움직이는 과정을 스스로 지각하는 작용을 할 뿐입니다. 운동신경은 의지 자체의 자극과는 관계가 없다는 말입니다. 이런 연유로 우리는 이렇게 말할 수 있습니다. 우리에게는 우리 주변부에서 중심으로 향하는 경향이 있는 신경이 있고, 또 우리에게는 중심부에서 시작해서 운동기관의 말단으로 이어지는 신경이 있다고 말입니다. 그런데 이런 신경들은 근본적으로 보면 단일한 신경다발이며, 다만 이 단일한 신경다발이 중간에 단절이 있어서 감각신경들에서 중심부로 가는 영혼적인 자극의 흐름 같은 것이 중심의 단절 부분을 뛰어넘어야 합니다. 그런 흐름은 전기나 전신이 중간의 단절부를 전환장치를 통해서 뛰어넘는 것과 마찬가지로 그렇게 뛰어넘어 이른바 운동신경이라고 하는 것에 도달하는데, 그 어떤 점에서도 이 운동신경은 감각신경과 조금도 다른 것이 아닙니다. 이 운동신경은 그저 움직임 과정과 움직이는 기관 자체를 지각하도록 되어 있을 따름입니다. 그런데 영혼적 흐름과 신체적 과정이 서로 섞여 드는 이 전적으로 유기적인 과정에는 우리가 특히 깊이 통찰해야 하는 무엇인가가 있습니다.

5   이런 사실을 바탕으로 하기 위해서, 우리가 어떤 그림을 지각한다고 가정해 봅시다. 즉 우리 주위에서 주로 시각 기관을 통해 전달되는 어떤 그림, 임의적인 도형, 간단히 말해서 우리가 눈이 있음으로 인해 우리의 영혼적 소유물이 되는 무엇인가를 지각한다고 말입니다. 그런 것에서 우리는 내적으로 확연히 구분되는 세 가지 내적 활동을 구분해야 합니다. 첫째는 지각 활동 자체입니다. 이 지각 활동 자체는 근본적으로 시각 기관 안에서 이루어집니다.

6   다음으로 구분해야 할 것은 이해 활동입니다. 그런데 이 부분에서 우리가 확실히 알아야 할 것은, 모

든 이해 활동은 인간의 신경감각체계가 아니라 리듬 기관에 의해 전달된다는 사실입니다. 신경감각체계를 통해서는 지각 활동 정도가 전달될 따름입니다. 예를 들어 어떤 상 과정을 우리가 이해하게 되는 것도 심장과 폐에 의해 조정되는 리듬 과정이 뇌수를 통해 올라가 두뇌 안으로 이식됨으로써만 가능해집니다. 두뇌 안에서 진행되어 인간의 리듬 기관을 자극하는 이 진동은 실제로 신체적으로 이해 활동을 전달합니다. 이해 활동이란 우리가 호흡함으로써 가능해진다는 말입니다.

7   보시다시피 이렇게 오늘날 생리학은 이런 것들을 여러가지 측면에서 잘못 알고 있습니다! 사람들은 이해 활동이 인간의 신경 체계와 연관되어 있다고 생각합니다. 그러나 실제로 그것은 우리에 의해 지각되어 표상되는 것을 리듬 체계가 수용해서 거기에 계속 작업함으로써 이루어지는 일입니다. 그런데 리듬 체계가 이해 활동과 연관되어 있다는 사실로 인해 이해 활동은 인간의 감각 활동과 긴밀히 연결됩니다. 또

한 내적인 자기 지각을 양성하는 사람은 이해 활동과 감각 활동 사이에 어떤 연관성이 존재하는지 알게 됩니다. 근본적으로 보면 우리가 이해한 것이 진실임을 느껴야만 그것을 인정하게 됩니다. 이때 우리 안에서는 이해하는 인식과 감정의 영혼적인 것이 리듬 체계를 통해 서로 만납니다.

8 　그런데 여기에 세 번째 사실이 있습니다. 어떤 것을 받아들여 기억이 그것을 보존하도록 한다는 것입니다. 결국 우리는 그런 과정에서 지각하고, 이해하고, 그 이해의 내용을 기억이 보존하도록 작업하는 활동을 구분하는 것입니다. 이 세 번째 사실은 다시 신진대사 체계와 결부되어 있습니다. 우리가 주목해야 하고 더구나 교사로서는 잘 알고 있는 이 유기체 내부에서 이루어지는 섬세한 신진대사 과정은 기억력과 연결되어 있습니다. 무엇인가를 기억해 내는 일에서 아이들이 제각기 어떻게 다른지 관찰해 보시기 바랍니다. 무엇인가를 기억해 내려 할 때 안색이 창백해지는 아이들이 있는 반면, 붉고 건강한 안색인 아이들도 있습니

다. 인종에 따라서도 기억력의 차이가 있습니다. 이 모든 것은 신진대사의 과정들이 아주 섬세하게 서로 다르기 때문에 생기는 일입니다. 그러므로 우리가 가령 교사로서 안색이 창백한 아이를 어느 정도 건강한 수면을 하도록 이끌어서 그 아이가 신진대사의 섬세한 내적 과정을 내면에서 어느 정도 잘 느끼도록 한다면, 그것으로 우리는 그 아이의 기억력을 상당히 향상시키게 됩니다. 또한 교사인 우리가 아이로 하여금 단순히 귀 기울여 들은 뒤에 그것을 스스로 작업할 때까지 올바른 맥박을 유지하도록 인도하는 것으로도 아이의 기억력을 향상시킬 수 있습니다. 여러분이 아이로 하여금 너무 많은 것을 귀 기울여 들도록 한다면, 그 아이는 지각하기는 하겠지만 이해하기는 어려울 것입니다. 그런 경우에 아이는 지속적으로 호흡하게 되고, 그 바람에 뇌수의 움직임이 활발한 상태를 유지하는 반면에 아이의 의지가 지나치게 덜 긴장하기 때문입니다. 아시다시피 의지는 신진대사와 결부되어 있습니다. 그래서 여러분이 아이로 하여금 보고 듣는 일에 너무 익숙해져서 너무 적게 스스로 작업하도록 하면, 내적인 작업이 신진대사를 비롯해서 의지와도 결부되어 있는 관계로 의지의 활동이 너무 적어지고, 결국 여러분은 아이를 제대로 교육하고 가르칠 수 없게 됩니다. 그러니 여러분은 아이들이 듣고 보고 난 뒤부터 자신의 작업을 할 때까지 올바른 맥박이 어떤 것인지 찾아야 합니다. 인간 안에서 의지가 신진대사 안으로 들어가 기억력을 활성화시키도록 올바르게 작업되지 않은 것은 기억 안에 잘 보존되지 않기 때문입니다. 이런 것이 생리학에 있는 미묘한 사실들로, 정신과학을 통해서 점차 아주 정밀하게 통찰되어야 할 것입니다.

9   이런 모든 것이 상象적인, 즉 시각에 의해 전달되는 체험과 연관되어 있는 반면, 소리로 울리는 것, 즉 어떤 음악적인 것이 고려되는 모든 경우는 그렇지 않습니다. 여기서 음악적인 것이란 반드시 음악 안에 들어있는 음악적인 것만을 의미하지는 않습니다. 그런 의미의 음악적인 것이 유난히 쉽게 드러나기도 하고 잘 들어맞기는 하지만, 언어 등에서처럼 우리 귀에 들리는 것과 연관된 모든 것이 음악적인 것에 해당합

니다. 제가 소리로 울리는 것이라고 말할 때는 그런 모든 것을 의미합니다. 그런데 여기서는 몹시 모순적으로 들릴 수도 있는 저의 이런 서술과는 정반대의 과정이 있습니다. 귀 안에 있는 감각기관은 아주 섬세한 방식으로 내부의 신경들과 연결되어 있습니다. 오늘날의 생리학은 그것들을 운동신경이라고 부르지만, 사실은 감각신경과 동일합니다. 우리에게서 소리로 체험되는 모든 것이 우리 몸을 구성하는 유기체 안에 자리잡고 있는 신경다발을 통해 지각되니 말입니다. 음악적인 모든 것은 먼저 우리 유기체 안으로 깊이 파고들어야 하고, 또 이를 위해서 귀의 신경들도 이미 조직되어 있습니다. 보통은 의지만 신경 안에서 작용하는 곳인 우리의 전체 유기조직 안으로 음악적인 것이 깊이 파고들어야 올바른 방식으로 지각됩니다. 왜냐하면 상으로 된 체험을 할 때 인간 유기체 안에서 기억을 전달하는 영역들은 음악적인 것과 귀에 들리는 것의 지각을 전달하는 부분이기 때문입니다. 따라서 여러분이 유기체 안에서 안면 인식을 위한 기억을 만들어내는 부분들을 찾아본다면, 그런 부분들에서 청각을 위해 지각 활동 자체를 전달하는 신경들을 발견하게 됩니다. 예를 들어 *쇼펜하우어*를 비롯해서 사람들이 음악과 의지를 그토록 긴밀하게 연결시킨 근거도 이런 사실 때문입니다. 시각적인 표상을 위해 무엇인가가 상기되는 곳, 즉 의지의 영역들 안에서는 청각적인 표상을 위한 지각이 이루어집니다. 청각적인 표상에 대한 이해도 리듬 체계를 통해서 이루어집니다. 그리고 여러 일들이 이렇게 독특한 방식으로 짜맞춰진다는 사실은 인간 유기조직 안에서 의미심장한 일입니다. 상으로 이루어지는 우리의 표상들은 우리의 청각적인 표상들과 만나 서로 짜맞춰져 공통의 내적 영혼 활동이 되는데, 이는 상으로 된 표상들만이 아니라 청각적인 표상들까지 리듬 체계를 통해서 이해되기 때문에 가능해집니다. 우리가 지각하는 모든 것은 리듬 체계를 통해서 이해됩니다. 안면 표상들은 머리 유기체를 통해 이루어지고, 청각적인 표상들은 유기체 전체를 통해 이루어집니다. 안면 표상들은 유기체 안으로 흘러들고, 청각적인 표상들은 유기체에서 위쪽을 향해 흐릅니다. 이제 여러분은 이 사실을 제가 첫 번째 시간에 이야기한 것과 연관시켜야 합니다. 그런 것을 느끼는 경우에는 이 두 가지가 아주 잘 연결됩니다. 그리고 리듬 체계를 통한 두 세계의 만남으로 인해 우리는 청각 체험과 안면 체험이 합쳐지는 영혼적인 체험을 하게 됩니다. 음악적인 것이 상기되면, 귀에 들리는 모든 것은 시각적인 것을 위한 감각신경기관들이 있는 바로 그 영역에서 상기됩니다. 그것들은 외견상 생리학에서 말하는 감각신경기관인 동시에 실제로는 신진대사와 결부되어 있는 것으로, 실제로 머리 영역에서 섬세한 신진대사를 매개함으로써 음악적인 상기가 이루어지도록 합니다. 안면 표상을 위한 지각이 이루어지는 바로 그 영역에서는 음악적인 것의 상기, 특히 청각적인 것의 상기가 이루어집니다. 시각적인 것을 지각하는 바로 그 영역에서 우리는 청각적인 것을 지각합니다. 그리고 이 둘은 리듬 체계 안에서 렘니스케이트 곡선처럼 서로 섞여 들고 교차합니다.

10   누구나 너무나 당연한 것으로 여기지만 사실은 놀랍고 수수께끼 같은 음악적인 상기, 즉 음악적 기

억력을 탐구해 본 사람이라면, 두뇌 신진대사의 어떤 섬세한 유기조직에 바탕을 둔 음악적인 기억력이 어떻게 근본적으로 다른지 알게 됩니다. 그것은 일반적인 성질에서는 의지와 유사하고 또 그렇게 때문에 신진대사와도 유사하지만, 의지와 결부되어 있는 안면 표상의 상기와는 확연히 다른 신체 영역에서 이루어지는 것이니 말입니다.

11   여러분이 이런 사실들을 잘 숙고한다면, 언어를 말하는 과정에 포함된 모든 복잡한 내용이 여러분의 영혼에도 작용할 것입니다. 언어를 말할 때 우리 내면에서는 리듬 체계가 언어 기관과 긴밀하게 연결됨으로써 비로소 이해하기가 이루어지도록 하는 무엇인가가 작용합니다. 그런데 이 이해하기가 이루어지는 방식은 아주 특별한 것이어서, 이를 여러분에게 온전히 이해시키기 위해 저는 괴테의 색채론을 상기시켜 드리려합니다. 괴테는 색채의 세계에서 빨강-노랑 계열을 따뜻한 색으로, 그리고 파랑-보라 계열을 차가운 색으로 부르기는 했습니다만, 색채 지각과 음향 지각을 서로

가까운 것으로 여겼음을 생각해 보시기 바랍니다. 그가 스펙트럼의 빨강-노랑 부분에서 어쩐지 파랑-보라 부분과는 다른 "소리가 울린다"고 생각해서 그것을 음악의 장조와 단조에 비함으로써 음향 체험의 내밀한 측면과 연결한 것 말입니다. 그런 점은 그의 미발행 원고 가운데 바이마르판 괴테 전집에 실린 이후 제가 퀴르슈너 판 괴테 전집에 수록한 자연과학 저술들에서 더욱 잘 드러납니다. 그래서 우리는 괴테가 자신의 색채론에서 서술한 방식으로 이야기하는 것을 인간 내면에 적용하면 뭔가 특별한 결론이 나온다고 말할 수 있습니다. 그것은 말을 할 때는 먼저 인간의 내면에서 소리가 울린다는 것입니다. 말에서는 정말 소리가 울리는데, 이 소리는 어떤 이유로 변화합니다. 이렇게 울리는 소리는 뭔가에 의해 영향을 받는데, 그것은 말에서 울리는 그 소리를 "무디게" 합니다. 또한 말을 할 때 원래의 소리가 어떤 "색깔을 가지게 된다"고 하는 이야기는 정말 비유적인 표현이 아니라 실제적인 과정입니다. 우리는 실제의 색채에서 소리를 지각하지는 않으면서도 각각의 색채에서 뭔가 울려 나오는 것을 듣습니다만, 우리가 색채를 "소리처럼" 지각할 때 실제의 색채에 일어나는 것, 그것과 같은 일이 우리 내면에서도 일어납니다. 즉, 우리가 노란색이나 파란색을 볼 때 소리를 거의 듣지 않는 것처럼 "이" 또는 "우"라고 말할 때 어떤 색채를 보지는 않습니다. 그러나 우리는 색채를 소리처럼 느낄 때 얻는 것과 동일한 체험을 언어에서 들리는 소리를 느낄 때 얻습니다. 여기서 눈에 보이는 세계와 음향의 세계가 서로 섞입니다. 우리가 외부의 공간에서 색채로서 보는 것은 완전히 공공연한 외양의 성격과 내밀한 음향의 성격을 지니고 있는데, 이전 어느 시간에 제가 설명한 것처럼 이 음향의 성격이 우리 안으로 들어옵니다. 내면으로부터 언어로서 인간의 표면으로 나오는 것은 확연하게 음향의 성격을 지니고 있고 음절로 하는 발음에서는 내밀한 색채적 성격을 지니고 있는데, 앞서 제가 설명한 것처럼 이 색채적 성격은 사람 안에서 일곱 살이 될 때까지 점점 더 발달하게 됩니다. 이로부터 여러분이 알게 되는 사실이 있습니다. 외부 세계에서 색채를 가진 것은 인간의 내면 세계에서 더 확실하게 보존되고, 외부 세계의 이 표면 아래에서 우주의 음악이 흐른다는 사실, 그리고 인간의 내면에서 소리로 울리는 것의 표면 아래에서는 신비로운 색색의 아스트랄이 흐르고 움직인다는 사실이 그것입니다.

12   그런데 이제 여러분이 이 본래의 언어, 즉 인간에게서 떨어져 나오는 놀라운 유기체를 제대로 이해한다면, 그 언어가 인간에게서 울려 나올 때 여러분은 색채의 진동에 들어 있다가 직접 언어로 바뀌는 것, 즉 아스트랄체의 진동 전체를 느낄 것입니다. 그렇지 않으면 그 진동은 인간 안에서도 일어나지만 특별한 자극을 받아 후두를 향해 집중하고, 해와 달의 영향을 받아 아스트랄체 안에서 일어나는 유희 같은 어떤 것을 일으켜 후두의 움직임을 통해 드러납니다. 또한 이제 여러분은 적어도 하나의 그림으로 여러분 앞에 있는 것을 다음과 같이 볼 수 있습니다. 즉, 여러분은 어떤 언어에 귀를 기울이고 아스트랄체를 눈으로 보는데, 그러면 이 아스트랄체는 자신의 진동을 즉시 에테르체에 전달함으로써 전체가 한층 더 내적으로 작용합니다. 그러면 여러분은 그 전체를 그림으로 그리는데, 이를

통해 여러분은 인간 유기체를 근원으로 하는 움직임만을 얻게 되며, 이로써 여러분은 인간이 말을 할 때 언제나 아스트랄체와 에테르체 양자에 의해 공통적으로 행해지는 그런 오이리트미를 만들게 됩니다. 여기서는 임의적인 것은 가능하지 않으며, 그저 보통은 계속 눈에 보이지 않는 상태로 일어나는 것이 이런 과정을 통해서 눈에 보이도록 하는 것일 따름입니다.

13   우리가 오늘날 그렇게 하는 이유는 무엇일까요? 그 이유는 다름 아니라 이전에는 의식하지 못했던 것들을 오늘날에는 의식하는 가운데 해야만 하기 때문입니다. 처음에는 그저 정신적으로만 존재하는 초감각적인 것이 점차로 감각적인 것 안으로 내려오는 것이 바로 인간의 모든 발달이니 그렇습니다. 고대 그리스 사람들은 본래 영혼으로 사고했습니다. 그들의 사고가 완전히 영혼적으로 이루어졌던 것이지요. 근대, 특히 15세기 중엽 이래로 사람들은 두뇌로 사고합니다. 물질주의는 사실 근대인에게 딱 들어맞는 이론입니다. 그리스 사람들이 영혼으로 체험했던 것은 점점 두뇌

안에 각인되었고, 그것이 세대를 이어 유전되면서 이제 근대인이 두뇌에 각인된 것으로 사고하게 되었습니다. 그래서 근대인은 감각적인 과정을 통해서 사고합니다. 그렇게 될 수밖에 없었습니다. 그러니 이제 우리는 다시 위로 올라가는 수밖에 없습니다. 그런 과정에 더하여 인간이 초감각적 세계로부터 오는 결과들을 향해 올라가야 하는 것입니다. 따라서 이제 우리는 이전의 영혼이 신체에 각인한 것에 반대되는 것을 내세워야 하는데, 그것은 바로 정신과학을 통해 정신적이고 초감각적인 것을 자유로이 포착하는 일입니다. 그러나 인류의 발달이 지속되도록 하려면, 우리는 초감각적인 것을 감각적인 것 안으로 가져오는 이 일을 의식적으로 수행해야 합니다. 이전에는 우리에게 보이지도, 의식되지도 않는 상태에서 일어난 일이지만, 이제 우리는 의식하는 가운데 인간의 신체, 이 감각적인 신체를 눈에 보이도록 움직이게 해야 합니다. 그렇게 하면 우리는 신들의 작업을 넘겨받음으로써 의식적으로 신들의 길을 이어가게 됩니다. 다시 말해서 오이리트미의 초감각적인 것을, 즉 초감각적인 오이리트미를 감각적인 오이리트미로 만듦으로써 우리가 사고를 두뇌에 각인하는 신들의 작업을 넘겨받는 것입니다. 우리가 그렇게 하지 않는다면, 인류는 점점 영혼적인 꿈속으로 빠져들게 될 것입니다. 잠자는 상태가 되리라는 말입니다. 정신세계로부터는 여전히 갖가지가 인간의 자아 안으로, 아스트랄체 안으로 흘러들겠지만, 그런 일은 언제나 인간이 잠자는 상태일 때 일어날 것이고, 그러면 잠에서 깨어날 때 그것들은 절대로 몸이라는 유기체에 전달되지 않을 것입니다.

14   사람들이 오이리트미를 하면, 그때는 오이리트미스트들과 지켜보는 사람들의 생명에 도움이 됩니다. 양쪽 모두 오이리트미에서 뭔가 본질적인 것을 얻는 것입니다. 오이리트미를 하는 사람들에게서는 오이리트미 동작들을 통해서 자신들의 물질적인 유기체가 정신세계를 위한 수용 기관으로 만들어지는데, 이는 그 동작들이 정신세계로부터 지상으로 내려오기를 원하기 때문입니다. 오이리트미스트들은 자신의 몸을 준비시킴으로써 어느 정도는 정신세계의 과정들을 위한

수용 기관이 됩니다. 오이리트미를 보는 사람들의 아스트랄체와 자아의 움직임은 오이리트미의 움직임을 통해서 더욱 강하게 일어납니다. 오이리트미 공연을 본 날 밤중에 잠에서 깨어날 수 있다면, 여러분은 음악회에서 어떤 소나타를 들은 날 밤중에 잠에서 깨었을 때보다 자기 안에 훨씬 더 많은 것이 남아 있음을 알게 될 것입니다. 그런 일은 오이리트미 공연에 참여한 경우에 더 강하게 일어납니다. 그런 것은 영혼이 초감각적인 것 안으로 활발하게 들어가도록 함으로써 그 영혼을 강하게 합니다. 다만 이때는 일종의 건강과 관련된 요소가 전체를 지배해야 합니다. 왜냐하면 그 정도가 지나칠 경우에는 밤에 잠을 자야 하는데도 영혼이 여전히 정신세계에서 허우적거리게 되고, 그런 허우적거림으로 인해 신체적인 신경과민과 대립되는 상이 영혼적인 것 안에 있게 되기 때문입니다.

15   보시다시피 이런 사실들은 인간 유기조직의 그 불가사의한 구조를 더욱 현실적으로 지각하도록 우리를 이끕니다. 그 구조는 한편으로는 정신이 속속들

이 침투해 있지 않아서 어느 모로 보나 우리 몸 안에는 그 어떤 것도 존재하지 않는다고 알려주는 물질적인 것 안으로 우리를 인도하고, 또 다른 편으로는 신체적으로 체험한 것에 대해 작업하지 않는 것은 더 이상 인간 안에 있는 정신적-영혼적인 것이 아니라는 사실을 우리에게 알려줍니다. 제가 오늘 다시금 서술한 내용을 자신에게 작용하도록 하고 자극으로 여긴다면 그런 내용이 특히 흥미로울 것입니다. 예를 들어 이제 여러분이 인간의 시각적인 것의 의지 영역들에서 이루어지는 음악적 활동 전체에 관해, 즉 시각적인 것의 표상 영역들에서 이루어지는 음악적 기억에 관해 생생한 명상적 표상을 얻는다면, 또는 반대로 여러분이 청각적인 것의 표상 영역들에서 이루어지는 것을 시각적인 것의 기억 영역들에 있는 것과 연결시킨다면, 여러분이 이런 모든 것을 연결하여 그로부터 명상적 표상들을 얻는다면, 여러분은 자신 안에 있는 어떤 것이, 여러분이 교육을 위해 아이 앞에 설 때 필요한 심오한 창의력이 자극된다는 것을 분명히 알 수 있습니다.

16   우리가 제시한 것과 같은 정신과학적 교육을 내세우는 고찰들은 모두 인간에 대한 더욱 내밀한 이해를 목표로 합니다. 그러므로 여러분이 이런 사실들을 명상하면서 숙고하는 것 자체가 이런 사실들이 여러분의 내면에서 계속 작용하도록 하는 일일 수밖에 없습니다. 여러분이 버터 바른 빵을 먹을 때를 생각해 봅시다. 그럴 때 여러분은 먼저 의식적으로 하는 어떤 행동을 해야 합니다. 그런데 그 다음에 버터 바른 빵이 복잡한 소화 과정을 거칠 때는 여러분이 별로 영향을 미치지 못하는 어떤 것이 있습니다. 여러분이 별로 영향을 미치지 못하는 상태에서 그 과정은 계속되지만, 여러분의 일상적인 삶은 그런 과정과 아주 밀접하게 연결되어 있습니다. 그런데 여러분이 우리가 한 것과 같이 인간학을 공부하면, 여러분은 먼저 그 소화 과정을 의식적으로 체험합니다. 그런 다음에 그것에 대해 깊이 생각하면, 여러분 안에서 정신적-영혼적인 소화 과정이 진행되고, 그것이 여러분을 교육자이며 수업하는 교사로 만듭니다. 신진대사가 여러분을 일상적으로 살아있는 사람으로 만드는 것과 똑같이, 이렇게 진

정한 인간학을 명상적으로 소화하는 활동은 여러분을 교육자로 만듭니다. 바로 진정한 인지학적 인간학으로부터 귀결되는 것을 경험하고 나면, 여러분은 그야말로 완전히 달라진 교육자로서 아이 앞에 서게 됩니다. 우리 안에서 나오고 우리 안에서 작용해서 우리로 하여금 교육자가 되도록 하는 것은 그런 인간학을 연구하여 이해함으로써 생겨납니다. 또한 오늘 거론하는 그런 고찰들을 하루에 그저 5분 동안만이라도 돌이켜봄으로써 끊임없이 되풀이해서 우리 안에서 일깨워내면, 그것들은 우리의 내적인 영혼을 활동하도록 합니다. 그 결과로 우리는 내적으로 사고와 감정이 풍부한 사람이 되어, 모든 것이 우리에게서 솟아나옵니다. 여러분이 저녁에 인간학을 명상하면, 다음날 아침에는 여러분에게서 샘솟아 나오는 것이 있습니다. '그래, 한스 밀러한테는 이렇게 하거나 저렇게 해 줘야 해.' '이 여학생에게 필요한 건 이거야.' 하는 생각이 떠오릅니다. 간단히 말하면, 특별한 경우에 무엇을 적용해야 할지 여러분이 알게 된다는 것입니다.

17   인간의 삶에서 중요한 것은 이런 방식으로 내적인 것과 외적인 것이 상호작용하도록 하는 일입니다. 그렇게 하는 데는 많은 시간이 필요하지도 않습니다. 일단 그런 역량을 가지게 되면 여러분은 내적으로 3초 만에 무엇을 할 것인지 알아낼 수 있고, 그러면 여러분이 교육에 적용할 때 그것은 때로는 언어가 되어 하루 종일 여러분을 돕습니다. 초감각적인 것을 활동하게 하는 일에서는 시간이 중요합니다. 정신은 그야말로 다른 법칙을 가지고 있으니 그렇습니다. 잠에서 깨어날 때 여러분은 그 시간적인 내용이 몇 주에 이르는 어떤 사고를 갖게 될 수 있습니다. 그런데 그런 사고는 얼마나 걸린다고도 말할 수도 없게 빨리 머릿속을 지나갑니다. 이와는 반대로 정신으로부터 나와서 여러분 안으로 흘러드는 것은 길어질 수 있습니다. 꿈에서는 모든 것이 수축되는 것처럼, 정신에서 나와 우리에게 흘러드는 것은 길어질 수 있습니다. 그러니 이제 인지학적 인간학에 대한 이런 명상적 몰입을 통해서 40~45세인 여러분은 수업에 필요한 내적 인간 전체의 변화를 5분 만에 이룰 수 있고, 이 변화는 외적 삶에서

여러분을 이전의 사람과는 완전히 다른 사람으로 만들어 줍니다.

18   그런 사실들에 대해서는 그런 것을 체험한 사람들의 여러 저술이 거론합니다. 사람들은 그 점을 이해해야 합니다. 또한 개별적인 인물들에 의해 아주 특별한 정도로 체험되어 삶 전체를 비출 수 있는 어떤 것이 교육자에게서 세세히 펼쳐져야 한다는 사실을 이해해야 합니다.

19   교육자는 인간학을 받아들이고, 명상을 통해 인간학을 이해하고, 인간학을 기억해야 합니다. 그러면 기억은 생생한 활동이 됩니다. 그것은 그저 무엇을 떠올리는 단순한 기억이 아니라 자신에게서 새로운 내적 동인이 나오도록 하는 기억입니다. 그럴 때 기억은 정신적인 삶에서 솟아나오고, 세 번째 단계로 나오는 것이 우리의 외적 작업 안으로 전달됩니다. 명상을 통한 이해 다음에 오는 것, 즉 정신세계에서 오는 창의적인 기억이 그것입니다. 다시 말하면, 먼저 인간학을 수용

또는 지각하고, 그 다음에 이 인간학이 우리 리듬 체계 전체에 의해 받아들여지는 곳 안으로 우리가 내적으로 침잠하는 가운데 명상을 통해 이 인간학을 이해하고, 그런 다음 우리가 정신적인 것을 바탕으로 인간학을 기억하는 것입니다. 즉 정신을 바탕으로 교육 활동, 교육예술을 하는 것입니다. 신념도 그렇게 되어야 하고, 영혼 상태도 그렇게 되어야 합니다.

20   여러분은 인간을 주의 깊게 관찰해서 여러분 자신 안에서 이 세 단계를 느낄 수 있어야 합니다. 그리고 여러분이 "여기 나의 외적인 몸이 있고, 여기 나의 피부가 있다. 그리고 그 안에는 인간학을 받아들이는 사람, 인간학을 명상하여 이해하는 사람, 인간학을 기억함으로써 신에 의해 열매를 맺는 사람이 있다"고 말하게 되면 될수록, 그런 감정을 더 많이 가질수록, 여러분은 더욱 훌륭한 교육자, 수업을 더 올바르게 하는 교육자가 됩니다.

제4강

슈투트가르트, 1920년 9월 22일

1 우리가 인간이 어떻게 구성되어 있는지 관찰하고 그로부터 얻은 인식을 성장하는 인간인 아이에게 적용하면 그 결과는 다음과 같을 것입니다. 인간의 자아는 정신세계로부터 일종의 아스트랄적인 날개를 타고 들어온다고 말하고 싶습니다. 아이가 태어나서 첫 몇 해 동안 어떻게 발달하는지, 깊은 내면에서 조금씩 신체 표면으로 올라오는 인상이 어떤지, 어떻게 점점 더 자신의 유기체를 장악하는 능력을 가지게 되는지를 관찰할 때 우리가 보게 되는 것은 본질적으로 그렇게 자아가 신체와 하나가 되는 모습입니다. 자아의 이런 합일을 관찰함으로써 우리는 그 과정에서 실제로 벌어

지는 일을 여러 방식으로 특징지을 수 있게 됩니다. 물론 이미 여러분은 그것을 두 가지 방식으로 특징지을 수 있다는 것을 알고 있습니다.

2   그 어느때보다 최근에 저는 물질체 안에서 일어나는 유기체를 만드는 것이 이갈이 시기에 풀려나와 그 시기에 본질적으로 지능을 형성하게 된다는 이야기를 많이 했습니다. 우리는 그 과정을 이렇게 확실히 다른 측면에서 서술할 수 있습니다. 어릴 때 일어나는 그 과정을 달리 서술할 수도 있는데, 다른 관점에서 물질을 끌어들여 인간을 이해하여, "이갈이와 함께 인간의 에테르체가 태어난다. 인간의 물질체는 출생할 때 태어나고, 에테르체는 일곱 살 무렵에 태어나는 것이다." 하고 말한 경우가 그렇습니다. 이렇게 한편으로 에테르체의 탄생이라고 부를 수 있는 것은 다른 측면에서 지성이 물질체에서 해방되는 것이라고 부르는 것과 동일한 것입니다. 이는 하나의 사실을 두 가지 측면에서 서술한 것일 뿐입니다. 이런 방식의 두 가지 이해를 종합해야 이 하나의 사실을 근본적으로 올바르게 파악하

게 됩니다. 정신과학에서 어떤 것의 성격을 특징짓는 방식은 바로 한 가지 사실에 대해 다양한 측면에서 접근해서 그로부터 얻는 견해를 종합하여 관찰하는 것입니다. 어떤 멜로디도 오로지 음표 하나로 들려줄 수 없는 것처럼, 정신과학의 내용을 단 하나의 성격으로 요약할 수 없습니다. 이것이 바로 그런 사실의 일부분을 제대로 알고 있던 옛사람들이 말한 "합쳐 듣기, 즉 여러 가지 설명을 합쳐서 듣기"라는 것입니다.

3 　　　그렇다면 이어서 어떤 일이 일어납니까? 우리가 그것을 에테르체라고 하거나 지성이라고 하거나 간에, 여기서 해방되는 것 안으로는 세상에 태어날 때 이미 아래로 내려온 자아가 흘러들어 시간이 지나면서 점점 그것을 속속들이 조직합니다. 결국 이 시기에는 그렇게 형성되는 것들, 즉 자유로워지는 지성과 탄생하는 에테르체가 영원한 자아와 섞여 듭니다.

4 　　　또한 그 다음 시기, 즉 7세에서 사춘기가 시작되는 14세에 이르는 시기를 관찰해 보면, 다시 한 가지

측면에서 우리는 어떤 의지적인 요소, 음악적인 요소가 어느 정도 받아들여진다고 말할 수 있습니다. '받아들여진다'는 말은 어느 면에서는 이 과정을 가장 잘 표현한 것입니다. 음악적인 요소란 본디 바깥 세계에 있는 것이니 말입니다. 그런데 음악적, 음향적으로 받아들인 것은 아스트랄체를 통해 완전히 진동됩니다. 이로써 아스트랄체는 이전에 전체 유기조직과 가졌던 연관관계에서 해방됩니다. 이런 이유로 우리는 아이와 연관된 또다른 측면에서 "사춘기와 함께 아스트랄체가 탄생한다"고 말할 수 있습니다. 그런데 다시 영원한 것인 자아는 이렇게 해방되는 것과 연결되는데, 따라서 출생에서 사춘기에 이르는 시기, 즉 초·중학교 시기와 그 뒤로도 자아가 인간의 전체 유기조직 안에서 지속적으로 확실하게 자리잡는다고 말할 수 있습니다. 7세부터는 자아가 아직 에테르체 안에서만 자리잡습니다. 이때 인간은 모방하는 존재이므로 모방 활동을 통해서 자아가 물질체 안에 자리잡게 됩니다. 그 뒤 사춘기가 지나서야 자아가 아스트랄체 안에 자리잡습니다. 이렇게 자아는 지속적으로 인간 유기조직에 스며들고,

그러면 유기조직은 제가 말한 것과 같은 변화를 보이게 됩니다.

5   이런 모든 사실은 교육자에게 엄청난 의미가 있습니다. 왜냐하면, 〈사회적 미래〉라는 정기간행물의 최근호에 실린 교육의 예술적 요소에 관한 글에서 제가 언급했습니다만, 근본적으로 보면 모든 교육과 수업이 어떤 의미에서는 예술적으로 이루어지는 것이고, 따라서 교육하고 수업할 때는 오늘 제가 설명한 것처럼 자아가 인간 유기조직에 통합되는 과정을 언제나 고려해야 하기 때문입니다. 자아와 인간 유기조직의 통합 과정이 교육예술을 통해 유도되어야 한다는 것입니다. 이 말의 의미는 무엇일까요?

6   이 말의 의미는, 예를 들어 자아가 너무 깊이 물질체, 에테르체, 아스트랄체 안으로 들어가지는 않아야 하는 동시에 지나치게 바깥에 붙잡혀 있어도 안 된다는 것입니다. 자아가 사람의 유기조직 안으로 너무 깊이 들어가 그 유기조직과 너무 밀접하게 연결되

면, 그 사람은 지나치게 물질적인 존재가 되어 오로지 두뇌만으로 사고하게 되어 자신의 유기조직에 휘둘립니다. 간단히 말하면 지나치게 신체적인 인간이 됩니다. 그리고 자아는 너무 강하게 유기조직에 수용됩니다. 그것을 우리가 막아야 합니다. 자아가 너무 강하게 유기조직 안으로 빨려 들어가 그것에 종속되도록 하는 모든 것을 교육을 통해서 막도록 힘써야 합니다. 범죄자 가운데 많은 이들, 많은 잔혹한 이들의 본성이 성장기에 자아가 너무 강하게 빨려 들도록 방치하는 바람에 그렇게 되었음을 생각하면, 이것이 얼마나 중요한 일인지 여러분도 이해할 것입니다. 여러분에게도 익히 알려진 대로 그런 인간들에게서 흔히 보이는 타락의 징표들이라고 인간학에서 확인한 것은 나이가 들어서야 제대로 생기는 경우가 많습니다만, 그것은 유기조직의 다른 부분들이 자아를 너무 강하게 빨아들인 결과입니다. 그리고 너무 짧은 후두엽을 가진 채 태어난 사람의 경우에 우리는 자아가 다른 유기조직 안으로 너무 깊이 가라앉지 않도록 더욱 신경을 써야 합니다. 결국 제대로 된 교육에서 이루어지는 예술가의 조치가 타락의 징표를 지닌 사람에게서 자아가 유기조직 안으로 너무 깊이 가라앉지 않도록 할 수 있고, 그러면 그런 사람이 범죄자가 되는 것을 막을 수 있다는 말입니다.

7   그런데 우리는 또다른 면에서 이와 반대되는 오류에 빠질 수도 있습니다. 여기에 한 가지 어려움이 있습니다. 우리는 저울의 한쪽 접시에 너무 큰 추를 올릴 수도 있습니다. 너무 작은 추를 올리면 반대편 접시가 전혀 올라가지 않고, 너무 무거운 추를 올리면 반대편 접시가 너무 높이 올라갑니다. 그래서 우리는 먼저 그런 상태를 바로잡아야 하지요. 이와 똑같은 일을 우리는 삶에서 일어나는 일에서 만나게 됩니다. 현실의 영역에서는 아무것도 엄격한 개념으로 잘라 말할 수 없습니다. 오류를 바로잡으려 할 때 우리는 언제나 또다른 오류를 범할 수 있습니다. 그러므로 아이를 상대할 때에도 우리는 모방과 관계된 일이라면 어느 한 가지를 사용할 것이 아니라, 예술을 통해서 균형 잡힌 교육을 해야 한다는 감정을 가져야 합니다. 말하자면 자아로 하여금 올바른 방식으로 유기조직과 연결되도록

돌보지 않으면 그 자아는 너무 강하게 바깥에 머물 수도 있고, 그러면 그는 몽상이나 공상에 빠지는 사람이 되거나 심한 경우에는 다시금 환상적인 표상들을 가져제 역할을 못하게 됩니다. 이것은 우리가 자아로 하여금 유기조직 안으로 너무 약하게 들어가도록 하는 또다른 오류입니다. 그리고 아동기에는 몽상, 잘못된 낭만, 잘못된 신지학 등으로 빠질 소질이 있다고 해도, 교육자가 자아로 하여금 너무 심하게 다른 유기조직 바깥에 머물지 않고 올바른 방식으로 유기조직 안으로 들어가도록 주의를 기울이면 그런 결과를 막을 수 있습니다. 잘 알려진 것처럼 이마가 조금 뒤쪽으로 볼록하다는 신지학 애호가의 징표를 가져 그런 소질을 지니고 태어난 아이들의 경우에는 자아가 심하게 유기조직 안으로 밀려들지 않도록 하여 몽상이나 잘못된 낭만을 향해 기울어지는 아이의 성향을 억제하는 것이 중요합니다. 그렇다면 우리는 각기 다른 이 두 가지 작업을 어떻게 해야 할까요?

8   두 번째 경우에 목적을 달성하기 위해서 우리

가 사용할 수 있는 도구는 기하학과 대수에 속하는 모든 것입니다. 이것들은 인간으로 하여금 숫자와 공간으로 된 사고를 하도록 하는데, 이런 것을 수업과 교육을 통해서 아이가 수용하고 작업한다면 자아가 유기체 안으로 들어가도록 돕습니다. 언어적인 것 안에서 음악적인 것 쪽으로 가까운 것, 즉 리듬적 낭송은 자아가 올바른 방식으로 유기체 안으로 들어가도록 돕습니다. 음악, 구체적으로는 우리가 조금 몽상적인 경향이 있는 아이에게 음향적인 기억력, 그 중에서도 주로 음악적인 것의 기억력을 키우기 위해 동원하는 음악은 그런 아이에게 특별히 유익하게 작용합니다. 이것은 자아가 유기체 안으로 제대로 들어가지 않으려고 하는 까닭에 쉽사리 몽상적인 상태로 머물 수 있으리라고 여겨지는 아이를 위해 우리가 사용해야 하는 수단입니다. 그런데 아이가 지나치게 물질적으로 되리라는 것, 즉 자아가 지나치게 신체에 종속되리라는 것을 알아채는 그 순간에는 기하학에서 보통은 사고를 통해 파악되는 형태들을 외적으로 그려보도록 좀 더 이끌기만 하면 됩니다. 아이에게 기하학 도

형들을 그리게 하는 순간, 우리는 자아가 지나치게 빨려 들지 못하도록 균형을 잡습니다. 이렇게 수업 내용을 올바른 방식으로 사용하면 올바르게 교육할 수 있는 것입니다.

9   소질이나 어떤 다른 원인 때문에 음악적인 것을 배워야 하는 아이가 유기체에 너무 강하게 종속되어 있고 또 노래를 부를 때 아주 어려운 요소를 섞어 넣는 모습이 보이면, 우리는 그런 아이로 하여금 순간순간 듣는 것에 집중하고 음향적인 것을 적게 기억하도록 이끌어야 합니다. 다시 말해서 우리는 다음과 같이 전반적으로 조절할 수 있습니다. 한편으로는 제가 언급한 것들을 통해서 자아를 빨아들이도록 도우면서도 다른 편으로는 양극단 사이의 균형을 제대로 잡지 못했을 때 자아가 지나치게 빨려 들지 않도록 해야 합니다. 언어 수업에서는 우리가 조절을 시도하는 것이 특히 바람직합니다. 언어에 담긴 음악적인 모든 것은 자아를 빨아들이는 데 힘을 보탭니다. 어떤 아이에게서 그런 일이 너무 강하게 일어난다는 것을 인지하면, 저

는 되도록 언어의 의미, 언어의 내용에 해당하는 어떤 것을 아이와 함께 해보려 합니다. 그래서 대체로 의미에 해당하는 것을 함께 해보도록 아이를 이끕니다. 반대로 아이가 지나치게 몽상적으로 되는 것을 알아차리면, 언어의 낭송 요소, 박자 요소를 더 많이 받아들이도록 요구하는 방법을 시도합니다. 교육자는 이런 시도를 예술적으로 익혀 일종의 역량으로 갖추고 있어야 합니다.

10   그런데 자아가 다른 유기조직에 의해 지나치게 강하게 흡수되는 것을 특히 잘 억제할 수 있는 수업 내용이 있습니다. 무엇보다 지리와 역사를 비롯해서 조형적이고 소묘적인 요소를 가진 것들이 그렇습니다. 아주 훌륭한 방법을 구체적으로 말하면, 우리가 예를 들어 역사적인 내용을 이야기로 꾸며서 – 여기서는 이런 방식이 중요합니다만 – 아이가 정서적으로 그 이야기에 끌리도록 하고, 이야기에 등장하는 인물들에 정서적으로 끌려 존경하는 마음을 가지도록, 우리가 서술하는 그 인물이 미움 받을 만한 경우에는 증

오까지 가도록 이야기합니다. 이렇게 하는 역사 수업은 아이가 지나치게 물질적으로 되지 않도록 하는 데 도움이 됩니다. 그런데 우리가 해야 하는 아동발달에 대한 통찰의 결과로 그런 역사 수업 때문에 다시 아이가 균형을 잃고 조금 몽상적인 쪽으로 넘어가 조금 몽상에 빠진다는 인상을 받는 경우에는 뭔가 다른 방법을 동원해야 합니다. 그리고 이 모든 것은 이제 수업 계획에 포함되어야 합니다. 그렇게 해서 매해 그에 적절한 수업 계획을 세워야 하고, 그래서 그런 아이를 여러 해에 걸쳐 계속해서 관찰하는 것이 중요합니다. 어느 아이가 역사 이야기로 인해 지나치게 몽상적으로 되는 모습이 보이면, 적절한 시기에 그 이야기에 여러가지 이상과 거시적인 연관성들을 포함시켜야 합니다. 이런저런 사건이나 인물을 개별적으로 다루면 자아가 지나치게 신체 안으로 빨려 들어가는 것을 막게 됩니다. 또한 시대 전체를 관통하는 이상들을 역사에 포함시키면 자아가 신체 안으로 들어가는 데 도움이 됩니다.

11   그런데 또 많은 그리기와 조형 예술 활동은 자아가 쉽사리 유기체에서 떨어져 나오도록 할 수 있고, 따라서 이 또한 아이를 몽상적으로 만들 수 있습니다. 이렇게 형태 그리기, 미술, 심지어 쓰기를 하는 과정에서 몽상적으로 되는 아이에게 즉시 동원할 수 있는 수단이 있습니다. 그것은 아이가 그린 것을 의미 있게 파악하는 일입니다. 예를 들어 아이에게 장미 형태를 그리도록 하면서 그 과정에서 뭔가를 생각하게 하거나, 철자들을 쓰면서 철자의 형태에 경탄하게 하고는 그 형태들을 마음에 담도록 하는 등의 방법을 통해서 말입니다. 단순하게 쓰기를 하거나 그리기를 할 때 아이들은 아무 생각 없이 하지만, 그렇게 그리고 쓰거나 그린 것을 관찰하면 아이들은 곰곰이 생각하게 됩니다.

12   이런 것들이 실제로 교육예술가로서 교육하고 수업할 때 그 수업의 내용들을 어떻게 올바른 방식으로 사용할 것인지를 우리에게 보여줍니다. 우리가 그런 것들에 익숙해지는 것은 무엇보다도 긴요한 일

입니다. 예를 들어 여러분이 지리 수업을 한다고 해봅시다. 일반적으로 지리 수업은 자아가 지나치게 유기체 안으로 빨려 들어가지 않도록 하는 데 도움이 되고, 그래서 우리는 물질적으로 될 위험이 있는 아이에게 지리적인 것들을 다루도록 이끌어 자아가 지나치게 유기체 안으로 빨려 들지 않도록 하는 방식으로 지리 수업을 잘 이용할 수 있습니다. 그리고 또다른 측면에서 지리 수업 때문에 몽상적이 될 위험이 있는 아이를 위해서는 우리가 지리 과목에서 높이의 차이를 파악하는 데 중점을 두거나 아예 기하학적 사고에 속하는 것을 지리 수업에 포함시킴으로써 자아가 다시 적절한 방식으로 유기체 안으로 들어가도록 할 수 있습니다.

13   이런 것들이 지닌 가치 전체를 제대로 파악하는 것은 우리가 인간 유기체의 이런 놀라운 구조와 그것이 우주 전체와 조화를 이루고 있다는 사실을 받아들일 수 있을 때 비로소 가능해집니다. 우리가 통찰한 것에 의거해서 출생에서 사춘기에 이르는 아동 발달이

란 것이 우주의 조형적 힘과 우주의 음악적 힘이 서로 뒤섞여 움직여 이루어지는 것임을 생각해 보시기 바랍니다. 그런 작용은 당연히 엄청나게 다양한 양상으로 이루어집니다. 그리고 여러분이 인간의 구조를 관찰하면 – 이 중요한 사실은 제가 이미 다른 맥락에서 언급한 적이 있지만, 아주 유용한 이야기여서 다시 말합니다만 – 여러분은 한편으로는 물질체와 에테르체가 있음을 알게 되는데, 이 둘은 인간이 태어나서 죽을 때까지 분리되지 않은 채로 특정한 관계를 유지합니다. 이와는 달리 잠이 들 때 물질체와 에테르체는 아스트랄체로부터 분리되는데, 에테르체가 먼저 아스트랄체와 분리됩니다. 그리고 잠에서 깨어날 때는 양쪽이 다시 합쳐집니다. 결국 에테르체와 아스트랄체는 서로 연결되어 있는 정도가 물질체와 에테르체보다는 덜 긴밀합니다. 또 자아와 아스트랄체는 아주 긴밀하게 연결되어 있어서 잠자는 동안에도 분리되지 않습니다. 그렇다면 지상에 있는 물질체를 통해 존재하는 인간이란 무엇일까요? 사람은 자신을 둘러싼 공기와의 내적인 상호작용 안에서 사는 존재입니다. 얼마만큼의 공기가 우리 물질체에 들어왔다가 금세 나가고, 우리는 그렇게 숨을 쉽니다. 이런 들숨날숨은 잠잘 때와 깨어 있을 때 인간의 상태가 미세하게 다르다는 사실을 알려줍니다. 잠자고 깨어 있는 상태에 따라 이렇게 미세한 차이가 있는데, 미세한 차이가 그렇지 않은 차이보다 중요한 일에서 더 큰 의미를 지니는 경우가 드물지 않습니다. 이렇게 아스트랄체와 에테르체의 상호작용으로 인해 깨어 있는 상태에서 일어나는 일은 잠자는 인간에게도 일어납니다. 인간이 발달하는 시기에 음악적인 요소와 조형적인 요소 사이의 상호작용은 자아와 아스트랄체가 지속적으로 함께 진동하는 것인 동시에 물질체와 에테르체가 함께 진동하는 것입니다. 사실 근본적으로 보면 인간은 아침에는 자아와 아스트랄체를 들이마시고 저녁에 잠이 들면 그것들을 다시 뱉는다고 할 수 있습니다. 이것이 우리가 작은 호흡 과정과는 달리 일종의 큰 호흡 과정이라고 할 수 있는 것입니다. 말하자면 잠이 들 때마다 사실 우리는 물질체와 에테르체 바깥으로 나와서 주변 공기와 한층 더 가까운 관계를 가지게 되는데, 그럴 때 우리가 우리의 자아와 아스트랄체와 함께 직접 공기 안에 있게 되기 때문입니다. 깨어 있는 상태에서는 우리가 내부로부터 호흡을 관리하고, 잠자는 상태에서는 외부로부터, 즉 영혼으로부터 호흡을 관리합니다. 한편으로는 일정한 양의 공기가 인간 유기체의 내부에 있다가 곧 외부로 나간다는 사실에서, 다른 한편으로는 물질체에서 자아에 이르는 인간 구조의 전체가 호흡 과정에 개입되어 있다는 사실에서, 여러분은 인간의 본질을 확인하기 위해서는 인간 구성체와 공기의 근본적인 상관관계를 명확하게 확인해야 한다는 것을 알 것입니다.

14   그런데 여러분 모두가 물리를 배웠고 기억할 것입니다. 즉, 교사라면 산소와 질소로 이루어진 공기가 본래의 화학적 결합체가 아니라 일종의 혼합물임을 아이들이나 청소년들에게 이해시키기 위해 일상적으로 얼마나 많은 노력을 기울여야 하는지 말입니다. 우리가 공기를 관찰해보면, 그 안에 있는 산소와 질소가 결합되어 있는 모습이 보통의 화학적 결합이 아니라 화학적으로 느슨한 결합을 이루고 있으니 말입니

다. 이런 사실은 인간과 어떤 연관성이 있을까요? 이 사실은 인간 안에 있는 아스트랄체와 에테르체의 느슨한 연결 상태에 대한 우주적 모상이라는 점에서 인간과 연관되어 있습니다. 만약 산소와 질소가 공기 안에서 화학적인 결합을 이루어 서로 붙어 있다면, 에테르체와 아스트랄체도 서로 긴밀하게 연결되어 떨어질 수 없을 것이고, 그러면 우리는 절대로 잠이 들 수 없을 것입니다. 이런 사실은 우리 아스트랄체와 에테르체의 내적인 관계를 공기의 물질적인 구조에서 보여줍니다. 또 거꾸로 산소와 질소의 혼합이라는 공기의 물질적 구조는 인간 유기조직 안에서 에테르체와 아스트랄체의 관계에서 드러납니다. 인간은 이렇게 우주와 동일하게 조직되어 있습니다. 이렇게 인간은 내부적으로 소우주인데, 다만 바깥에서는 물질적인 측면에 가깝도록 조직된 몇 가지가 인간에게서는 영혼적인 측면에 기울도록 되어 있습니다. 그래서 외부에서는 우리가 산소와 질소의 물리적 법칙에 종속되고, 내부에서는 에테르체와 아스트랄체 사이의 영혼적 법칙에 종속됩니다. 인간이 호흡하는 모습, 그리고 그 호흡에서 우리가 빛의 진동이라고 보는 놀라운 진동이 일어나는 모습을 통찰하면, 이 모든 것이 우리가 정신과학을 하는 사람이라야 가능한 일입니다만, 우리 안에서 아스트랄적인 진동과 에테르적인 진동이 서로 섞이면, 우리는 한편으로 그런 일이 인간 유기체 안에서 어떻게 일어나는지를 보고, 다른 한편으로는 그런 일이 숨을 들이쉬고 내쉬는 물질적인 과정에서 어떻게 진행되는지를 보게 됩니다. 그런 것을 볼 때 우리는 정신적이고 영혼적인 존재인 인간이 자신의 물질적인 환경에서 지속적으로 분리되는 모습을 형태적으로, 즉 무거운 부분들은 아래로 떨어져 혼합 상태에서 분리되고 가벼운 부분들은 위에 남게 된다는 것을 알게 됩니다. 이런 과정은 인간 자체에서도 아주 다양한 방식으로 진행됩니다. 그러나 우리가 어느 정도 포착하고 수용하고 지각하는 것들에서 그런 과정을 파악해야만 그것을 이해하게 되고, 그래야 어제 제가 설명한 것처럼 우리가 그것을 명상적으로 상기하는 가운데 교육예술적으로 바꿀 수 있게 됩니다.

15   그런데 이에 더하여 우리가 관찰해야 할 것이 있습니다. 정신세계에서 내려와 물질세계에 태어날 때 실제로 우리의 자아를 지상으로 가져오는 것은 무엇일까요? 자아를 이 지상으로 가져오는 것은 머리입니다. 머리는 말하자면 자아가 물질세계로 타고 오는 수레입니다. 그리고 자아가 지상에 도착하면, 정신세계에서 물질세계로 넘어오는 그 과정에서 자아가 자신의 활동 상태를 완전히 변화시킵니다. 외적으로 관찰하는 인간에게는 그 과정이 일단 무척 모순적으로 보이겠지만, 이 지상에 태어나기 전에 우리는 정신세계에서 지속적으로 움직이고 있고, 그곳에서는 움직임이 우리의 본래적인 요소입니다. 그런 움직임을 지속하기를 원한다면 우리는 결코 물질세계로 들어올 수 없을 것입니다. 그런데 우리의 머리 조직이 다른 유기체 부분들에 적응하여 우리를 물질세계로 나르는 일종의 수레가 됨으로써 그런 움직임을 지속하지 않게 됩니다. 지상에 도착하면 이 수레는 멈춰 서서 다른 유기체 위에서 편안하게 있게 됩니다. 그리고 이 다른 유기체가 걸어가도 머리는 함께 걷지 않습니다. 마차나 기차를 타고 가는

사람이 편안히 쉬고 있는 것처럼, 태어나기 전에는 움직이고 있던 자아도 물질세계로 내려오면 이전에 하던 움직임을 멈추고 쉽니다. 이는 한 가지 매우 중요한 사실을 암시합니다.

16 　　오늘날의 발생학 전문가가 자궁 안에서 이루어지는 태아의 발달을 관찰하면, 처음에 태아는 머리가 다른 지체에 비해 크고 그 구조가 구체적인 반면, 다른 지체들은 어색하고 그 구조가 모호해서 시간이 지난 뒤에야 제대로 형태를 갖추게 된다는 사실을 압니다. 그러면서 동시에 그 전문가는 모든 부분을 똑같이 중요한 것처럼 생각합니다. 사실 발생학에서 하는 모든 관찰이 상당히 터무니없는 것이어서, 우리가 오늘날의 생리학자들과 소통하기란 근본적으로 어려운 일입니다. 그들이 전혀 다른 영역에서 사고하기 때문입니다. 중요한 것은, 수정을 통해서는 본질적으로 사지본성에만, 즉 인간에게서 "머리 이외의 것"에만 작용이 이루어진다는 사실입니다. 왜냐하면 인간의 머리는 본질적으로 남성으로부터 받아들인 것이 아니라 우주로

부터 받아들인 것이기 때문입니다. 인간의 머리가 될 맹아는 본래 수정되기 전의 인간 맹아 안에 이미 있는 것이기도 합니다. 그리고 본래 수정되기 전의 인간 맹아 안에 있는 우주적 작용이 머리에 영향을 미치는 것은, 수정이 먼저 유기체의 다른 부분들에 작용한 다음에 그 유기체가 발달할 때 태아의 발달에서 다른 유기체의 발달이 다시금 머리에 작용함으로써 가능해집니다. 그러면 - 우리가 인간 태아의 발달을 완전히 물질적, 발생학적으로 탐구한다고 해도 - 사실들에 대한 올바른 탐구를 통해서 머리가 모체에 의해 마련되는 모습이 아직 수정의 힘의 작용에 의한 것이 아니라 간접적으로 이루어지는 것이라는 결론을 얻을 수 있습니다. 이는 마치 작업장에서 누군가를 태울 마차를 만드는 것과 같습니다. 탈 사람과 마차가 만나는 것처럼, 머리가 마련되어 지상으로 내려갈 사람의 자아를 마차 안으로 받아들이는 것입니다, 그리고 출생 이후 오랫동안, 근본적으로는 전체 발달기 동안, 인간은 이렇게 인간의 유기조직과 우주의 유기조직의 합일이 남긴 흔적을 지니게 됩니다.

17   우리가 여기서 다루는 교육의 본질적인 정신이 바라건대 한 번 제대로 교사 영혼의 습관 안으로 들어가게 되면, 학생들 앞에 서는 교사는 무엇인가에 엄청나게 사로잡히는 일이 일어나게 됩니다. 7세부터 14세에 이를 때까지 서로 엄밀하게 구분해야 하는 것인 동시에 깊은 내적 관찰에 의해서만 가능한 것이기는 하지만, 머리에서 일어나는 후퇴, 초월적인 유기조직의 유출, 다른 유기조직에서 흘러나오는 것이 위로 올라가 머리 안에 속속들이 스며드는 현상 등에 의해 각각의 아이에게 일어나는 일이 그것입니다. 여러분은 제가 지난 첫 시간과 둘째 시간에 이야기한 것을 어떤 식으로든 다시 한 번 포괄적으로 생각해 보아야 합니다. 각각의 내용을 어떻든 서로 연관시켜 균형 잡히게 해야 하기 때문입니다. 그런데 아이의 머리 조형이 여타 유기체의 형상과 다른 점을 관찰하는 것은 언제나 흥미롭습니다. 다만 우리는 그 둘을 제각기 다른 방식으로 들여다보아야 합니다. 머리에서 일어나는 갖가지 변화를 관찰하려 할 때 우리는 스스로 조각가라는 느낌을 가져야 합니다. 이와는 달리 다른 유기체에서 일

어나는 변화들을 관찰하려 할 때 우리는 스스로 오이리트미적인 음악을 연주하는 사람이라는 느낌을 가져야 합니다. 왜냐하면 다른 유기체에 대한 관찰, 가령 손가락이 자라는 모습을 관찰하는 것은 아무런 의미가 없는 반면에 아이가 손가락을 움직이는 방식이 변하는 모습을 관찰하는 것은 중요하기 때문입니다. 물론 그런 것은 다시 유기체의 형상에 작용하는데, 하지만 이작용은 형태 구조가 아니라 역동적인 것에 의해 이루어집니다. 누군가가 다리나 팔이 엄청나게 길다면, 그팔다리는 보통의 경우보다 더 무겁습니다. 형태는 직접 작용하지 않고 형태와 더불어 작용하는 무게가 직접 작용하며, 이때 무게는 음악적 형상 안으로 섞여 들어갑니다. 그리고 팔다리가 너무 길게 자라서 그것들로는 아무것도 제대로 할 수 없는 아이를 올바른 방식으로 판단하려 할 때는 생명의 음악을 바탕으로 접근해서, 그 아이의 긴 다리가 어떻게 겹쳐지는지, 움직임이 이상한지, 양팔이 너무 무거워 계속 이상하게 움직이지는 않는지, 등을 알아야 합니다. 그런 것들을 적용할 때 우리가 정신과학을 바탕으로 얼마나 내적으로 깊이 인간을 만나는지 한번 생각해 보시기 바랍니다! 그런 방식이라면 이제 사람들은 이전에 가졌을지도 모르는 감정적인 관점에서 인간을 관찰하지 않을 것입니다. 손이 작고 팔이 짧은 사람을 보면, 이제 사람들은 "누군가에게 쉽사리 주먹을 날리려는 내적인 충동이 아주 적은 사람이군!" 하고 생각할 것입니다. 그리고 반대로 팔다리가 아주 길고 무거운 사람에 대해서는 누군가에게 쉽사리 주먹을 날리려는 내적인 충동을 그의 카르마로 여길 뿐, 피상적이고 감정적인 관점에서 보지 않을 것입니다.

18   이런 사실을 분명하게 확인하면 우리는 사람들에게, 특히 성장하는 학생들에게 훨씬 가까이 다가갈 수 있습니다. 그 사실에는 매우 특별한 비밀이 있기 때문입니다. 인간 형상을 그런 식으로 관찰하면 여러분은 이렇게 말할 것입니다. "나는 인간의 발달, 인간 영혼의 전체 구성이 지닌 비밀을 신체적인 유기조직을 바탕으로 푼다. 그래서 나는 머리의 어떤 형태, 팔다리 등의 어떤 무게, 어떤 행동, 즉 걷는 모습, 즉 뒤꿈

치를 들고 걷는 습관이나 피히테의 경우 체격 전체에 그 영향이 각인되었던 것처럼 뒤꿈치로 쿵쿵대며 걷는 습관의 의미를 이해하게 된다." 이 모든 것은 우리에게 엄청나게 많은 사실들을 알려주며, 그래서 우리는 그런 것들을 통해서 인간을 더 잘 알게 된다는 느낌을 받습니다. 물론 그런 것들은 특별히 아주 내면 깊이 숨겨진 것이라기보다는 인간적이고 사회적인 관계에서 경험하는 것입니다. 수업을 할 때 교육자와 학생의 교류에서는 그보다 좀 더 내밀한 것이 등장하지만 말입니다. 어느 인간과 마주설 때 우리가 직접적으로 가지게 되는 느낌이 있습니다. '네 앞에 있는 사람을 앞에서 잘 관찰하면, 너는 그 사람에게서 한 가지 알게 되는 사실이 있다. 그에게서는 우리가 눈으로 볼 수 있는 것이 음악적으로 드러난다. 그리고 다른 한 가지 사실은 그 사람을 뒤에서 잘 관찰할 때 알게 된다'는 느낌이 그것입니다. 우리는 삶의 본질로부터 인생의 신조들을 만들어내야 합니다. 예를 들어 어느 학생이 제대로 된 삶의 신조를 가지고 피히테의 강의실에 앉아 있었다면, 그 학생은 피히테가 하는 말을 제대로 받아들이기 위해서

앞쪽에서 강의를 들었을 것입니다. 하지만 피히테의 성격을 알려고 했다면, 그 학생은 그의 모습을 알기 위해 뒤쪽에서 그를 관찰했을 것입니다. 머리 뒷부분의 발달 형태, 척추와 등의 구조, 두 손을 움직이는 방식, 세세한 머리 자세 등은 피히테 개인을 알려고 하는 경우 그가 근본적으로 세계와 어떻게 연관되어 있는지를 알게 해 주는 필수적인 요소입니다.

19   우리가 이런 방식으로 아이를 알게 되면 주목할 만한 사실이 드러납니다. 교사가 카르마를 중심으로 아이를 이해하려는 경향이 있을 때 그렇다는 말입니다. 이와는 달리 교사가 수업을 할 때 감정적으로 예민한 아이에 대해 엄청나게 화를 내면서 가만히 있으라고 거듭 훈계하는 경우에는 그렇지 않습니다. 그런 교사는 결국 잉크병을 집어 들어 그 아이의 머리를 향해서 던지고는, "이렇게 해야 차분해지겠구나!" 하고 말합니다. 제가 조금 과격하게 표현했습니다만, 교사와 교육자인 우리가 잘못되었다고 여길 수밖에 없는 일들은 그보다 상당히 더 과격합니다.

20   우리가 그런 방식을 버리고 앞에서 설명한 것처럼 우리의 인지학적 인간학을 아이의 교육을 위해 적용해서 유기체가 우리에게 자신의 영혼적 상태를 말해주도록 한다면, 우리는 흔히들 하는 것과는 다른 방식으로 아이를 다른 방식으로 대하게 됩니다. 그런데 그렇게 하면 묘하게도 우리 안에서는 아이를 대하는 방식을 통해서 아이에 대한 사랑이 커지고, 점점 더 큰 사랑을 가지고 아이를 파악하게 됩니다. 또한 그렇게 되면 우리는 아이를 사랑으로 가르치고 키우는 데 도움이 되는 강력한 힘을 얻습니다. 이런 것들이 바로 제가 방금 설명하려 한 것처럼 교사인 우리가 무엇보다 올바른 감정과 감각을 얻는 길입니다. 가령 작곡가가 되고자 하는 사람이 음악에 관한 교재를 손에 들고 있으면 작곡을 배울 수 있으리라고 하는 생각, 미술에 대한 여러 가지 내용이 실린 미학 서적을 가지고 있으면 화가가 될 수 있다는 생각이 완전히 잘못된 방법인 것과 마찬가지 일이니 말입니다. 미술 서적을 가지고 있다고 화가가 되는 것은 아닙니다. 화가가 되려면 색을 다루는 방법, 색을 다룰 때 필요한 손의 움직임 등을 배

워야 하지요. 또한 유기체의 형태들을 파악하는 법을 배워야 조각가가 되는 것입니다. 유기체의 형태들을 파악하는 것은 사실 엄청나게 흥미로운 일이고, 이는 조각 예술 같은 분야에서도 마찬가지입니다. 조각가인 여러분이 머리를 만들 때의 느낌과 다른 유기체 부분들을 만들 때의 느낌은 완전히 다릅니다. 머리를 만들 때는 안에서부터 여러분에게 작용하는 뭔가를 계속 느끼고, 그래서 머리를 만드는 작업에서 물러나게 됩니다. 머리에서 오는 무엇인가가 여러분을 압박하는 겁니다. 이와는 달리 유기체의 다른 부분을 조소할 때는 그 유기체가 여러분에게서 물러나면서 여러분 자신이 유기체를 누른다는 느낌을 받습니다. 이는 모든 일에서 다루는 방식을 배워야 한다는 사실을 우리에게 보여줍니다. 교육에서도 마찬가지입니다. 여러분이 학교에서 하려는 일을 교육 안내서 같은 것을 통해서 한다면, 그것은 미술 안내서를 읽어서 화가가 되겠다는 것과 같습니다. 그렇게 하면 아무것도 실현되지 않습니다. 그러나 여러분이 지금 우리가 공부하는 인지학적 인간학이 제시하는 지침들을 실천한다면, 교육적 자질이 여러분 자신 안으로 들어갑니다. 인간에게는 여러분이 생각하는 것보다 훨씬 많은 소질이 있기 때문에 그렇습니다. 그렇게 되면 올바른 교사가 되기를 원하는 사람이 가져야 하는 어떤 것들을 여러분도 가지게 됩니다.

21　　하지만 알맹이 없는 내용을 떠들면서도 수많은 사람들의 각별한 관심을 불러일으키기로는 오늘날 교육계보다 더한 영역이 없습니다. 오늘날 교육에 관한 내용을 들을 때 사람들이 끔찍하다고 느끼는 것은 그런 내용이 다음 세대에 계속 영향을 미치기 때문입니다. 그런데 많은 영역에서처럼 여기서도 특히 인간 본성에 대한 한층 깊은 이해를 통해서 엉터리같은 장광설을 이겨냅니다. 심지어 교사들도 수업이 아이들을 즐겁게 해야 한다는 엉터리 이야기를 받아들였습니다. 전문가가 아닌 사람들이 그런 이야기를 했다면 악의 없는 말이니 우리가 마음 상하지는 않을 것입니다. 하지만 전문적으로 수업과 교육을 실행하는 사람들이 그런 말을 해서는 결코 안 됩니다! 여러분이 교육 현장

을 생각하면서, 해결하기 어려운 일이 있을 때 교사로서 아이들을 그저 즐겁게 해준다면 어떨지 자문해 보시기 바랍니다. 또는 아이들이 지닌 소질을 생각하면서, 어떻게 해야 아침부터 저녁까지 아이가 오로지 즐거울 수 있을지 자문해 보시기 바랍니다. 그것은 현실을 전혀 모르는 사람들이 하는 허튼 소리일 뿐입니다. 오늘날 다른 모든 영역에도 현실을 모르는 사람들에게서 나오는 허튼 소리들이 있습니다. 분명한 것은 아이들을 즐겁게 하지 못하지만 실행해야만 하는 일이 있다는 사실입니다. 교사가 아이들을 그저 즐겁게만 하려 들면, 무언가를 극복하는 가운데 생기는 의무감 같은 것은 아이에게서 발달하지 못할 것입니다. 그런 상태는 아이에게 이롭지 않습니다. 결국 오로지 즐겁기만 한 상태보다는 다른 뭔가 중요한 것이 있다는 이야기입니다. 우리가 우리의 교육예술로 아이들의 사랑을 얻고, 그래서 심지어 아이들이 싫어하거나 조금 고통스러운 것도 우리의 지도 아래 하는 것이 그렇습니다. 따라서 여러분이 자신에게 해야 하는 말은 이렇습니다. "올바른 사랑을 전하는 것이 우리가 올바른 사랑

122

을 가르치는 일이고, 그러면 아이 안에서는 즐거움과는 다른 뭔가가 생기고, 그러면 아이는 교사에 대한 애착이 생긴다." 그럴 경우 아이는 다른 느낌을 얻게 됩니다. "힘든 일들이 좀 있지만, *이런* 선생님 곁에서라면 그런 힘든 일도 나는 할 거야."

22   이와 같은 사실들에서 우리는 교사와 학생 사이에 올바른 관계를 만드는 것의 의미를 이해함으로써 수업에서 만나는 어려운 것들을 극복할 수 있음을 알게 됩니다. 이는 교육을 모르는 관점에서 수업과 교육을 논하는 일상적인 이야기와는 다른 방식으로 사실을 들여다보는 것입니다.

23   친애하는 동료 여러분, 이번에는 우리가 실제로 함께 관찰하는 기회가 있지는 않을 것입니다. 우리가 참여해야 하는 수많은 모임이 예정되어 있습니다. 교사 회의에서 만나는 기회만 남았습니다.

Geistiges Blicken,
Wende dich schauend nach Innen;
Herzliches Tasten
Rühre am zarten Seelen-Sein;
Im ahnenden Geistes-Blicken,
Im herzhaften Seelen-Tasten,
Da webt sich Bewusst-Sein.
Bewusst-Sein, das aus dem Oben
Und dem Unten des Menschen-Wesens
Bindet Welten-Helle
An das Erden-Dunkel.
Geistiges Blicken
Herzliches Tasten
Erblicke, Ertaste
Im Menschen-Innern
Webende Wellen-Helle
In wallendem Erdendunkel:
Mein eigenes
Menschen-Bilde-Kraft
Zeugendes
Kraft ers chaffendes
Willentrggendes Selbste

잠언

슈투트가르트 발도르프학교 교사진의 명상을 위해 1923년 10월 17일 전달

정신적 시선
내면을 향해 바라보아라,
진심 어린 감지
섬세한 영혼의 실재를 만져라,
예감하는 정신의 시선에서,
활발한 영혼의 감지에서,
의식이 만들어진다.
위로부터
그리고 인간 존재의 아래로부터 나온
그 의식은
우주의 빛을 지상의 어둠에 연결한다.
정신적 시선
진심 어린 감지
활동하는 우주의 빛을
인간 내면에서
알아차리고, 느껴라
지상을 지배하는 어둠 속에서도.
내 고유한
자아는
사람을 교육하는 힘을
만들고
저력을 생성하며
의지를 나른다.

참조 사항

언급된 저작의 번호는 루돌프 슈타이너 전집 번호(GA – Gesamtausgabe)를 가리킨다.

이 발행본에 관하여

1919년 9월 슈투트가르트에서 첫 자유 발도르프 학교가 열리기 직전 몇 주 동안 루돌프 슈타이너는 자신이 선발한 첫 교사진을 위해 첫 번째 교육학 과정을 열었는데, 세 부분으로 진행되었던 과정의 내용은 차례대로 〈일반 인간학〉(GA 293), 〈교육예술. 교수방법론〉(GA 294), 〈교육예술. 세미나 토론〉(GA 295) 등 세 권의 책으로 발간되었다.

몇 달 뒤인 1919년 12월 26일부터 1920년 1월 3일 사이에는 6회에 걸친 강의가 있었고, 이는 〈정신과학적 언어 관찰〉(GA 299)이라는 제목으로 발간되었다.

루돌프 슈타이너는 이 책에 담긴 4회의 강의가 "지난해에 있었던 교육학 입문 과정의 내용에 대한 일종의 보충"(제1강 서두 참조)으로 여겨지길 바랐다. 슈타이너는 더 상세한 내용을 다룰 생각이었던 것이 분명하지만, 당시에 해야 할 일이 너무 많아 그런 뜻을 실현하지 못했다. 그래서 강의는 여기 수록된 4회분으로 마무리되었다.

발도르프 교사진을 위한 실질적인 "보충 과정"은 1921년 여름에 비로소 진행되었고, 그 내용은 〈인간 인식과 수업 구성〉(GA 302)이라는 제목으로 발간되었다.

이 책의 판본: 상기 4회의 강의는 카를 슈베르트Karl Schubert, 카를 레호퍼Karl Lehofer, 발터 페게한Walter Vegelahn 등 3인에 의해 속기록으로 작성되었다. 첫 속기록은 루돌프 슈타이너 문서실에 보존되어 있지 않다. 이 강의의 내용은 속기록을 옮겨 적은 텍스트를 기반으로 했다. 대괄호 안의 단어들은 발행인이 추가한 것이다.

내용에 관하여: 이 책에 실린 강의 내용은 부분적으로 매우 상이한 카를 슈베르트와 카를 레호퍼의 텍스트를 기반으로 했다. 강의는 이 상태로 1952년에 처음 발간되었다. 1961년판은 소수의 구두법 수정을 제외하고는 동일한 텍스트로 발간되었다. 에리히 가베르트Erich Gabert, 한스 루돌프 니더호이저Hans Rudolf Niederhäuser에 의한 1972년판에서는 이전 원고를 재검토하고 강의 참가자들의 메모를 수용하여 몇 부분을 수정했다. 1983년의 제3판에서는 문서실에 있는 발터 페게한의 텍스트와 카롤리네 폰 하이데브란트Caroline von Heydebrand(---쪽에 대한 주석 참조)의 수기 메모가 참작되었다. 이런 이유로 달라진 구절은 주석에 표시했다.

1947년부터 사용되는 〈명상적 인간학〉이라는 짧은 제목을 붙인 사람은 마리 슈타이너로 추정된다.

주석

각 주석 머리의 숫자는 본문의 해당 페이지를 가리킴

11 **지난해 이끌었던 교육학 기초 과정들에서**: 1919년 가을 슈투트가르트 발도르프 학교의 개교에 앞선 교육학 과정은 1919년 8월과 9월에 걸쳐 3주 동안 발도르프 학교의 첫 교사진과 슈타이너의 교육학을 펼치려는 일련의 인물들을 상대로 루돌프 슈타이너에 의해 이루어졌다. 이 과정은 세 부분으로 구성되었다. 먼저 우리 시대와 미래에 맞는 교육학의 기초가 될 14회의 인지학적 인간학 강의가 있었다. 각 강의에는 수업과 교육의 실질적인 방법론과 교수법을 밝히는 강의가 뒤따랐고, 이어서 루돌프 슈타이너가 특정한 수업 영역의 실천적 구성과 교육자들이 겪게 될 문제의 해결 방안을 참가자들과 세미나 형식으로 토론하는 강의가 마련되었다.

13 **허버트 스펜서Herbert Spencer**: 1820~1903, 영국의 문화철학자로 "진화 또는 종합의 철학"을 기초했다. 인식할 수는 없지만 물질적이거나 정신적인 형태로 드러나는 실체(절대적인 것, 신, "힘")를 바탕으로 상대적인 것이 유일하게 인식 가능하게 된다. 운동과 질료의 상이한 분포는 전체를 향한 결합(통합)과 결부된 진화, 그리고 질료의 해체(연결의 해소)와 결부된 분해로 인한 것이다. 주저: 〈종합철학의 체계〉(A System of Synthetic Philosophy), 독일어판 슈투트가르트 1875~1897, 11권. 또한 〈교육〉(Education), 독일어판, 〈지적, 도덕적, 신체적 관점의 교육〉(Die Erziehung in intellektueller, moralischer und physischer Hinsicht), 라이프치히 1910.

예를 들어 피히테에게서 나타나는 그런 교육 방향의 정신: 요한 고틀리프 피히테(1762~1814), 〈지식인의 규정에 대한 몇 가지 강의〉(1794), 〈독일

128

국민에 고함〉(1807/08), 〈베를린에 설립할 고등교육기관에 대한 추론적 계획〉(1817) 등을 참조할 것.

14   **스펜서의 견해:** 저서 〈교육〉(위 주석 참조)의 구절은 다음과 같다. "오랫동안 눈이 가려져 있던 인류가 마침내 보게 된 것은, 아이들이 지닌 관찰 재능의 자유로운 활동이 의미심장하고 유용하다는 사실이다. 전에는 사람들이 그저 무의미한 활동, 놀이, 장난으로 여겼던 것이 추후의 모든 지식의 기초가 되는 앎을 획득하는 과정임을 알게 되었다. 그러므로 *실물수업*은 아이디어는 좋지만 그 실행은 좋지 않다. … 사실들을 추상적으로 제시하는 옛 방법을 사용하지 않게 되고 그 대신 사실들을 구체적인 형태로 제시하는 새로운 방식이 수용되었다. 엄밀한 과학의 기본적인 사실들은 이제 구조, 냄새, 색깔을 통해 알게 되는 것처럼 직접적인 관찰을 통해 알게 된다."(제2장 p. 56, 57, 이하 독일어판) 그리고 다음과 같이 이어진다.(p. 64) "이런 관찰이 하나하나의 사실에 대해서 이루어져 세부적인 판단으로 바뀌어야 우리는 비로소 교육 *예술*의 바탕이 되는 앎을 가지고 있다고 말할 수 있다." 제1장에서 스펜서는 과학사회학이라는 학문의 의미를 언급하고는 다음과 같은 결론을 내린다. (p. 21) "그러므로 학문에 올바른 방향을 전하는 것은 언제나 중요한데, 이는 모든 사안에 중요할 뿐 아니라 합리적인 지식이 경험적 지식보다 훨씬 우월하기 때문이다."

루돌프 슈타이너의 메모(NB 297)에는 실물수업에 관한 스펜서의 서술에 대한 다음과 같은 언급이 있다.

스펜서의 견해: 실물수업은 자연연구자의 연구로, 그리고 전문 과학자의 추적 연구로 이어질 수 있는 방식으로 이루어져야 한다 } 그러나 이는 언제나 소질에 *맡겨져야* 한다. 그렇지 않으면 방해가 될 것이다.

사회유기체 삼원론: 군주제나 의회제 등 획일적인 구조의 국가는 19세기와 20세기 초의 긴박한 사회 문제들을 해결할 능력이 없다는 사실이 드러났기 때문에 1917년 루돌프 슈타이너는 "사회유기체 삼원론"을 펼쳤는데, 이는 공적 영역의 삶 전체가 그 본질에 맞도록 정신적 삶, 경제적 삶, 법적 삶이라는 세 가지 영역으로 나뉘어야 한다는 것이었다. "자유", "평등", "박애"라는 프랑스 혁명의 이상에 의거하여 그는 정신적 삶에는 자유라는 원칙을, 경제적 삶에는 박애라는 원칙을, 그리고 법적 삶에는 평등이라는 원칙을 부여했다. 이에 관해서는 1919년의 〈현재와 미래의 삶에 필요한 것들의 사회적 문제의 핵심〉, GA 23, 〈사회유기체 삼원론과 1915년~1921년에 관한 논설집〉, GA 332a 등을 참조할 것.

21 **거기서 스펜서는 인간의 지적 교육에 관해 스스로 "법칙들"이라고 일컫는 일련의 기본 원칙들을 제시합니다:** 여기서 스펜서는 스위스 출신 교육자 하인리히 페스탈로치(1746~1827)의 원칙들을 인용한다. 〈메모장〉 297에서 루돌프 슈타이너는 이 원칙들을 다음과 같이 나열한다.

1) 쉬운 것에서 시작하여 어려운 것으로
2) 불확실한 것에서 시작하여 확실한 것으로
3) 구체적인 것에서 시작하여 추상적인 것으로
4) 인종 – 아이 – Comte
5) 경험적인 것에서 사고적인 것으로

문법은 언어를 통해	어떤 아이들이 스스로 자랄까?
관점은 그리기를 통해	**인간성에 대한 믿음은 교육과**
6) 자기 발달	수업을 통해서 생긴다.
말하기 = 발견하기	사람들은 인간에게서 정신을 받은 경
스스로 자란 사람	우에만 인간성을
	믿는다.

7) 편안한 자극

———————————
요람에서 시작하는 교육

———————————
아이가 손에 닿는 모든 것을 물어뜯는 행동: 장난감 망가뜨리기:
수염 잡아당기기

———————————
아이가 물건을 보여준다.

———————————
아이가 자기 능력을 발견하고 기뻐하는 행동

32　　　　**슬픔이나 감상, 유머:** 이에 관해서는 〈영혼 활동이 변형생성되는 경로〉, GA 59에 수록된 강연 "웃음과 울음"도 참조할 것. (이 강연은 〈언어, 웃음, 울음에서 인간의 표현 능력〉이라는 제목으로 출간되었다.)

37　　　　**머리로부터 가장 크게 영향을 받습니다:** "영향을 받습니다"는 발행인이 맥락을 살펴 삽입했다.

이갈이 이후에 아이가 생각하기를 시작하면: 1920년 5월 4일에 행한 강연 〈단일체제 국가에서 삼원적 사회유기체로〉, GA 334에서 루돌프 슈타이너는 같은 맥락에서 지속적으로 정신적-영혼적 활동에 관해 말한다. 해당 부분은 다음과 같다.

"그런데 많은 사람에게서 기억 능력은 이보다 더 일찍 등장하지만, 명확한 내용으로 인해 사고를 형성하게 되는 기억은 그보다 후에 등장한다. 그리고 사고의 이런 순서를 추적해보면 다음과 같이 말하지 않을 수 없다. 즉, 이것은 이갈이에 이를 때까지 치아를 자라나오게 하려는 정신적-영혼적인 활동이었다는 것이다. 이 정신적-영혼적인 활동은 먼저 유기체에 작용했다. 그런데 이제 이 활동은 자신의 활동을 마감하고 그 영역을 폐쇄한다. 이제 이것은 정신적-영혼적 활동 자체로 등장한다. 윤곽이 명확한 사고, 즉 기억을 지배하는 능력이 강한 사고가 등장하는 것이다. 이전에 그런 사고는 무엇을 했을까? 그것은 유기체 안에서 치아가 나오도록 하는 활동의 주체였다. 나중에 사고하고 기억하는 활동이 그 안에서 치아가 나오도록 작용한 것이다. 유기적 활동이 변형생성되고, 일종의 정신적-영혼적 활동으로 변화한다. 그리고 그것이 이제 이런 정신적-영혼적 활동으로 인간 안에 계속 머문다."

45　　**심리학의 병행론자들이 만들어낸 터무니없는 이론**: 심신병행론은 고틀리프 프리드리히 리프스Gottlieb Friedrich Lipps(1865~1931)로 거슬러 올라간다. 저서 〈심신학 개요〉(라이프치히 1899)에서 그는 먼저 심신학을 정의한다. "심신학은 말 그대로 심리학과 물리학(넓은 뜻으로)이다."(7쪽 이하) 이어서 그는 심신병행론이라는 개념을 규정한다. "이렇게 자연과학과 심리학이 동등하고 상호보완적인 연구 분야라고 인정하면, 심신학의 과제는 편파적 규정과는 상관없이 확인된다. 앞에서 언급한 것을 바탕으로 하면 그 과제는 의식의 주관적 체험과 객관적 자연 현상 사이의 연관성을 연구하는 것이다. 이 연관성은 정신적인 과정과 자연적 또는 심리적인 과정이 병행하는 것으로 그 모습을 드러낸다. 따라서 이 연관성을 병행론 또는 '심신병행론'이라고 부르는 것은 적확한 명칭일 것이다."

48　　**인간에게 있는 다른 힘들 안으로 깊이 들어감으로써**: 발행인이 맥락을 살펴 삽입했다.

51　　**두 가지 힘으로 여겨지는**: 슈베르트의 속기록을 바탕으로 보완했다.

　　저의 책 〈신지학〉: 루돌프 슈타이너, 〈신지학. 초감각적 세계의 인식과 인간 규정 입문〉, GA 9, 123쪽.

53　　**제가 요즘 자주 언급하는 낭송예술**: 루돌프 슈타이너, 마리 슈타이너-지버스, 〈낭송과 낭독의 예술〉, GA 281, 〈언어 조형과 연극 예술. 연

극 코스〉, Ga 282, 〈언어 조형의 방법론과 본질〉, GA 280 등을 참조할 것.

54 **제가 오이리트미 강좌에서 한 것처럼:** 루돌프 슈타이너, 〈오이리트미. 말하는 영혼의 현현〉, GA 280 등을 참조할 것.

보토쿠도족: 브라질 산악지역에 사는 원주민. 옛날에는 누군가를 두고 미개하다고 말하려 할 때 "보토쿠도"라고 불렀다.

56 **셰익스피어의 말에서 언제나 느끼는 것:**

자기 안에 음악이 없어,
달콤한 화음이 울리지 않는 남자는
배신, 강도질, 간계에 맞는 인물이다.
그의 감각은 밤처럼 둔하고,
그의 마음은 저승처럼 황량하니,
그런 자는 결코 믿지 말라.   〈〈베니스의 상인〉, 5. 1.〉

63 **경외심, 열정, 보호하는 감정:** 루돌프 슈타이너는 이 세 가지 표현에 각기 다른 몸짓을 표기했다. 카롤리네 폰 하이데브란트Caroline von Heydebrand의 필사본에 의하면 다음과 같다.

경외심 (기도하는 손 모양)
[속기록: 양손의 손가락 끝들이 서로를 향해 기울어진 채로 위를 향하는 모습]
열정(어딘가를 가리키는 손 모양)
보호하는 느낌(오이리트미 동작 B를 하는 오른팔)

65 **소인小人으로 태어났다고:** 헬레네 로멜Helene Rommel의 메모를 바탕으로 추가됨

76 **쇼펜하우어:** 1788~1860. 음악과 의지의 상관관계에 대해서는

다음을 참조할 것. 〈아르투어 쇼펜하우어 전집 12권〉에서 루돌프 슈타이너가 서문을 쓴 제3권 〈의지와 표상으로서의 세계〉, 3, 4부, J. G. 코타, 슈투트가르트/베를린 1894. "플라톤의 이데아: 예술의 대상"이라는 챕터의 52항 등에서는 다음과 같이 말한다. "결국 음악은 의지 전체의 *직접적인* 객관화이자 모상이며, 이는 세계 자체, 즉 이데아의 다양한 현현이 개별 사물들이 세계를 이루는 것과 마찬가지다. 그러니 다른 예술들과 마찬가지로 음악도 결코 이데아의 모상이 아니라 *의지 자체의 모상*이며, 그것의 객관성이 이데아이기도 한 것이다. 이에 따라 음악의 작용은 다른 예술들보다 훨씬 강력하고 깊이 파고든다. 다른 예술들이 오로지 그림자만을 이야기하는 반면에 음악은 본질을 말하기 때문이다."

77   **안면 표상을 위한 지각이 이루어지는 바로 그 영역에서는 음악적인 것의 상기, 특히 청각적인 것의 상기가 이루어집니다:** 이탤릭 부분은 앞 문장들과 같은 형태를 유지하기 위해 보완되었다. 속기록에는 "기관들"로 되어 있다.

79   **괴테의 색채론:** 〈괴테 자연과학 저술〉의 권 III~V으로, 루돌프 슈타이너가 퀴르슈너의 〈독일국민문학〉(1883~1897)을 위해 주석을 달고 편찬한 것이다. 1975년 루돌프 슈타이너 전집에 GA 1 a-e 5권으로 재수록되었고, 1982년에는 특별판이 간행되었다.

79   **제가 퀴르슈너 판 괴테 전집에 수록한 자연과학 저술들:** 위 주석에 언급된 〈괴테 색채론〉의 권V, 2부, p. 102ff를 참조할 것.(요한 레오나르트 호프만Johann Leonard Hoffmann에 대한 괴테의 설명)

82   **그런 오이리트미를 만들게 됩니다:** 위 p. 34의 주석, 그리고 루돌프 슈타이너의 다음 저작을 참고할 것. 〈오이리트미, 눈에 보이는 노래. 음악 오이리트미 코스〉, GA 278; 〈오이리트미, 눈에 보이는 언어. 언어 오이리트미 코스〉, GA 279.

83 　　　　초감각적인 오이리트미를 감각적인 오이리트미로:슈베르트의 속기록을 바탕으로 보충했다.

85 　　　　정신이 속속들이 침투해 있지 않아서 어느 모로 보나 우리 몸 안에는 그 어떤 것도 존재하지 않는다고 알려주는: "우리에게는 한편으로는 정신화되지 않은 것은 우리 신체 안에 아무것도 존재하지 않는 것처럼 보입니다."

86 　　　　신체적으로 체험한 것에 대해 작업하지 않는 것은 더 이상 인간 안에 있는 정신적-영혼적인 것이 아니라는 사실: 슈베르트의 속기록. 레호프의 속기록에는 "신체적인 체험에서 가공되지 않는 것은 그 어떤 것도 인간 안에서 더 이상 정신적-영혼적으로 생기지 않는다."

91 　　　　인간학을 명상하여 이해하는 사람: 이전의 문구를 고려하여 발행인들이 정리한 것. 레호프의 속기에는 "인간학을 명상하는 사람들에게는"이라고만 되어 있고, 다른 이(슈베르트)의 속기에는 "인간학을 이해하는 이들에게는"이라고 되어 있다.

96 　　　　예술적 요소에 관한 글: 이 글은 잡지 〈사회적 미래〉, 제1년 제5~7호, 취리히, 1920년 2월호에 처음으로 실린 〈슈투트가르트 발도르프 학교의 기초와 목표. 세 편의 글 1919/1020〉, 도르나흐 1978판으로 다시 발간되었다. 전집에는 〈사회 유기체 삼원론과 1915~1921년의 시대적 상황〉, GA 24로 포함되어 있다.

　　　자아와 인간 유기조직의 통합 과정이 예술적인 교육을 통해서 유도되어야 한다는 것: 슈베르트의 속기록을 바탕으로 삽입됨.

97 　　　　너무 짧은 후두엽: 문맥을 고려하여 발행인이 수정함. 제3판까지는 "범죄자형 귓불을 가진"이라고 되어 있었다. 루돌프 슈타이너의 1915

년 11월 24일자 강연을 참조할 것. 이 강연에서 슈타이너는 범죄인류학자 모리츠 베네딕트를 그 의미에 따라 다음과 같이 인용한다. "그것은 모리츠 베네딕트의 훌륭하고 의미심장한 발견이었는데, 이는 후두부의 특정한 생리학이 범죄자임을 말해준다는 것이었습니다. 그런 생각해보십시오. 두뇌의 후두엽 부분이 덮여 있지 않으면 범죄자라는 것입니다." (《제1차세계대전의 정신적 원인들》, Ga 174b, 132쪽)

98   **이와 똑같은 일을**: 발행인이 슈베르트의 속기록을 바탕으로 삽입함.

101   **양극단 사이의 균형을 제대로 잡지 못했을 때**:이 부분의 문구는 슈베르트의 속기록에 더 의존하고 있다. "양극단 사이에서"라는 것은 그의 속기록 부분을 새로이 읽은 것이다. 이전 발행인이 "지나치게 벗어나는"이라고 보충한 것은 여기서 "지나치게 빨려 드는"으로 대체되었다.

107   **자아와 아스트랄체가 지속적으로 함께 진동하는 것인 동시에 물질체와 에테르체가 함께 진동하는 것**: 맥락에 따라서는 다음과 같이 새길 수도 있다. "그 안에서 자아가 함께 진동하고 …… 그 안에서 물질체가 함께 진동하고". 속기하는 사람이 잘못 들어 생긴 결과일지도 모른다.

109   **이 사실은 인간 안에 있는 아스트랄체와 에테르체의 느슨한 연결 상태에 대한 우주적 모상이라는 점에서**: "모상"은 발행인이 삽입함.

110   **명상적으로 상기하는 가운데**: "명상적으로"는 세 번째 강연을 참조하여 발행인이 삽입함. 이 부분의 속기는 "교육적 양육"(레호퍼) 또는 "교육적 기억"(슈베르트)이라고 되어 있다.

113   **아직 수정의 힘의 작용에 의한 것이 아니라 간접적으로**: "간접적으로"는 두 번째 속기록을 바탕으로 삽입되었다.

   합일: 슈베르트의 속기록에 따른 것. 레호퍼의 속기록에는 "합류".

인명 색인

(본문에 등장하지 않음)

괴테, 요한 볼프강 폰

셰익스피어, 윌리엄

쇼펜하우어, 아르투르

스펜서, 허버트

실러, 프리드리히

장 파울

피히테, 요한 고틀리프

헤르더, 요한 고트프리트

슈타이너, 루돌프

　　저작과 강의 색인: 〈신지학〉 (GA 9)

　　〈발도르프 학교의 교육 목표〉, in 〈삼원론 논집〉 (GA 24) 56·

　　〈웃음과 울음 …〉 (GA 59) 23·

　　〈오이리트미, …〉 (GA 277) 34·

　　〈낭송과 …〉 (GA 281) 34·

　　〈교육의 기초인 일반 인간학〉(GA 293) 11·

　　〈교육예술. 방법론과 교수법〉(GA 294) 11·

　　〈교육예술: 세미나〉(GA 295) 11·

　　〈현대의 … 정신과학(인지학)〉(GA 334) 26·

루돌프 슈타이너
생애와 주요 활동

1861 - 1879
어린 시절과 청년기: 오스트리아

- 1861년 2월 27일 루돌프 요제프 로렌츠 슈타이너는 크랄예베치Kraljevec(당시 헝가리, 지금은 크로아티아에 속함)에서 니더외스터라이히Niederösterreich 출신 프란치스카 슈타이너와 요한 슈타이너의 첫째 아이로 태어났다.
- 전신기사로 일하던 부친은 곧 오스트리아 남부철도회사의 역장이 되었고, 이 때문에 그의 가족은 1862년 뫼들링Mödling, 1863년 포트샤흐 Pottschach, 1869년 부르겐란트Burgenland 지방의 노이되르플Neudörfl 등으로 이사를 다녀야 했다. 1864년 여동생 레오폴디네, 1866년 남동생 구스타프가 태어났다.
- 루돌프 슈타이너는 환경 덕분에 기술 분야에 매료되어 어릴 때부터 수학과 기하학 공부에 열심이었으며 그림에 소질을 보였다. 그리고 16세가 되었을 때부터 철학에 빠져들었다.
- 1879년 대학입학자격시험을 우등으로 통과했다.

1879 – 1890
대학생, 괴테 저작의 발행인, 가정교사, 잡지 편집인 시절: 빈

- 1879년부터 1882년까지 빈 공과대학에서 수학했다. 수학, 물리학, 식물학, 동물학, 화학을 전공하는 한편, 문학, 역사, 철학을 공부했다. 프란츠 브렌타노Franz Brentano등의 강의를 들었다.

- 문학사가이자 괴테 전문가인 카를 율리우스 슈뢰어Julius Schröer의 추천을 받아 퀴르슈너Kürschner의《독일 국민 문학》판 괴테전집의 자연과학 저작 부분의 발행인으로 초빙되었다.

- 논문 〈원자론의 개념들에 대해 유일하게 가능한 비판〉(Einzig mögliche Kritik der atomistischen Begriffe)를 발표했다. 훗날 슈타이너는 이 논문이 자신의 연구에서 "기초 신경"이라고 밝혔다.

- 1884년부터 1890년까지 빈의 사업가 라디슬라우스 슈페히트Ladislaus Specht 집안의 가정교사로 일했다. 그 집의 주치의이자 당시 빈에서 명성이 높았던 내과의사 요제프 브로이어Josef Breuer을 만났는데, 오늘날 그는 정신분석학의 개척자로 여겨진다.

- 《괴테의 자연과학 저작집》(Goethes Naturwissenschaftlichen Schriften) 제1권이 발간되었다. 2~4권은 1887년에서 1897년에 걸쳐 발간되었다.

- 시인이자 나중에 여권활동가로 이름을 날린 로자 마이레더Rosa Mayreder (《여성성 비판》), 프리드리히 에크슈타인Friedrich Eckstein(훗날 작곡가 안톤 브루크너Anton Bruckner의 비서이자 전기 작가로 활동) 등과 교류했다. 철학자 에두아르트 폰 하르트만Eduard von Hartmann과 편지를 주고받았다.

- 괴테전집을 위한 작업 이외에도 퀴르슈너 교수의 요청으로 《피러 회화 사전》(Pierers Konversationslexikon) 을 비롯한 여러 사전에 많은 항목을 집필했다.

- 1886년 루돌프 슈타이너의 첫 번째 단행본인《괴테 세계관의 인식론적 기초》(Grundlinien einer Erkenntnistheorie der Goetheschen Weltanschauung)를 발행

했다.

- 괴테문서실장 에리히 슈미트Erich Schmidt가 루돌프 슈타이너에게 소피 Sophie판 괴테전집 작업에 참여할 의사가 있는지 문의했다.

- 논문 〈자연 그리고 우리의 이상들〉(Die Natur und unsere Ideale) 발표.

- 빈에서 나오는 잡지 〈도이체 보헨슈리프트Deutsche Wochenschrift〉(독일주간)의 편집인이 되었다. 1888년 오스트리아-헝가리제국의 정치적 사안들에 관해 많은 기사를 썼다.

- 1888년 빈의 괴테협회에서 "새로운 미학의 아버지 괴테"라는 제목으로 강연을 했다.

1890 - 1897
괴테전집 발행인, 니체 연구자: 바이마르

- 괴테·실러문서실에서 일했다. 1891년에서 1896년 사이에 발간된 소피판 괴테전집을 위해 괴테의 자연과학 저작의 몇 부문을 발행했다.

- 헤르만 그림Herman Grimm, 에른스트 해켈Ernst Haekel, 에두아르트 폰 하르트만 등을 만나고, 시인 가브리엘레 로이터Gabriele Reuter, 작곡가 리스트의 제자 콘라트 안조르게Conrad Ansorge, 슈티르너Stirner 전기를 쓴 존 헨리 매케이John Henry Mackay, 니체 저작 발행인 프리츠 쾨겔Fritz Koegel 등과 교류했다.

- 《코타 세계문학총서》에 쇼펜하우어 전집 12권과 장 파울 전집 8권을 편집했다. "저명 문학사가들의 서문"을 붙인 《베를린 고전 선집》을 위해 크리스토프 마르틴 빌란트Christoph Martin Wieland와 요한 루트비히 울란트Johann Ludwig Uhland의 저작들을 자신이 서문을 붙여 발행했다.

- 하인리히 폰 슈타인Heinrich von Stein 교수의 지도를 받아 〈특히 피히테의 지식학을 고려한 인식론의 기본문제. "자신"에 대한 철학적 의식의 이해에 관한 연구〉(Die Grundfrage der Erkenntnistheorie mit besonderer Rücksicht auf Fichtes Wissenschaftslehre. Prolegomena zur Verständigung des philosophierenden Bewusstseins mit sich selbst)로 로스토크 대학에서 철학박사 학위를 받았다. 이 학위논문은 1892년에 《진리와 학문. 자유의 철학의 서막》(Wahrheit und Wissenschaft. Vorspiel einer Phiosophie der Freiheit)이라는 제목으로 발간되었는데, 에두아르트 폰 하르트만 교수에게 헌정되었다.

- 1893년 가을, 루돌프 슈타이너의 철학 분야 주저인 《자유의 철학》(Die Philosophie der Freiheit)이 발간되었다.

- 나움부르크Naumburg의 니체문서실을 여러 차례 방문하고 머물렀다. 니체의 여동생 엘리자베트 푀르스터 니체Elisabeth Förster Nietzsche를 만났는데, 그녀는 루돌프 슈타이너가 니체 저작집의 공동발행인으로 일하기를 원했다. 병석의 프리드리히 니체를 만났다. 1895년 니체에 관한 루돌프 슈타이너의 책 《시대에 맞선 투사 니체》(Friedrich Nietzsche, ein Kämpfer gegen seiner Zeit)가 발간되었다.

- 1897년에 발행된 《괴테의 세계관》(Goethes Weltanschuung)에서 그동안의 괴테 연구를 요약하여 서술했다.

1897 – 1905
편집자, 교사, 강연자, 저술가: 베를린

- 1897년부터 1900년까지 〈마가친 퓌어 리테라투어Magazin für Literatur〉(문학잡지)와 독일연극협회 기관지인 〈드라마투리기셰 블래터Darmaturgische Blätter〉(연극평론)의 발행인이자 편집인으로 활동했다. 이 두 잡지와 다른 간행물들에 문학과 철학 문제를 다룬 많은 논문을 게재하고 연극비평과 서평을 썼다.

- 자유문학협회, 조르다노 브루노 연맹, 문예인 모임인 "디 콤멘덴Die Kommenden"(미래인) 등에서 강연했다. 엘제 라스커 쉴러Else Lasker Schüler, 페터 힐레Peter Hille, 슈테판 츠바이크Stefan Zweig, 캐테 콜비츠Käthe Kollwitz,

에리히 뮈잠Erich Mühsam, 파울 셰르바르트Paul Scheerbart, 프랑크 베데킨트
Frank Wedekind, 그리고 "프리드릭스하겐Friedrichshagen 사람들"을 만났다.
루트비히 야코봅스키Ludwig Jakobowski, 오토 에리히 하르트레벤Otto Erich
Hartleben과 교유했다.

- 1899년 안나 오이니케Anna Eunike와 결혼했다. 안나 오이니케는 1911년에
  세상을 떠났다.

- 빌헬름 리프크네히트Wilhelm Liebknecht가 설립한 베를린의 노동자학교,
  그리고 1902년부터는 슈판다우Spandau 노동자학교에서 가르쳤다. 1899
  년부터 1904년까지 이어진 이 교육 활동의 수업 과목은 역사, 강연법, 문
  학, 자연과학 등이었다. 쿠르트 아이스너Kurt Eisner와 로자 룩셈부르크
  Rosa Luxemburg를 만났다.

- 1900년 《19세기의 세계관과 인생관》(Welt- und Lebensanschauungen im
  neunzehnten Jahrhundert) 제1권을 출간했으며, 제2권의 출간은 일 년 뒤인
  1901년에 이루어졌다. 이 저작의 개정증보판은 제목을 《철학의 수수께
  끼》(Die Rätsel der Philosophie)로 바꾸어1914년에 출간되었다.

- 구텐베르크 500주년에 베를린의 한 서커스 공연장에서 7,000명의 활자
  공과 인쇄공 앞에서 기념 강연을 했다.

- 1900년 가을, 신지학 도서관에서 연속 강연회를 가졌다. 주제는 니체, 괴
  테의 "동화", 신비학, 신비학과 현재의 관계 등이었다.

- 1900년 처음으로 마리 폰 지버스Marie von Sievers를 만났다. 1902년 이래
  그녀는 루돌프 슈타이너의 가장 밀접한 동료가 되었다. 폰 지버스는 파
  리음악원에서 낭송예술을, 페테르부르크에서 연극예술을 공부했다. 에
  두아르 쉬레Edouard Shuré의 여러 작품을 독일어로 옮겼다.

- 《근대 정신생활 출현기의 신비주의, 그리고 현대 세계관과의 관계》(Die
  Mystik im Aufgange des neuzeitlichen Geisteslebens und ihr Verhältnis zur modernen
  Weltanschauung)를 출간했다. 1901/02년에 신지학협회에서 행한 두 번
  째 순회강연을 손보아 《신비적 사실로서의 그리스도교》(Christentum als

mystische Tatsache)라는 제목으로 출간했다.

- 헬레나 페트로브나 블라바츠키Helena Petrowna Blavatsky와 헨리 스틸 올코
  트Henry Steel Olcott가 1875년에 창립한 신지학협회의 회원이 되었고, 1902
  년 10월부터 신지학협회 독일지부의 사무총장으로 일했다. 애니 베전트
  Annie Besant를 만났다.
- 1902년부터 1904년까지 "프리드릭스하겐 사람들"인 브루노 빌레Bruno
  Wille와 빌헬름 뵐셰Wilhelm Bölsche가 세운 자유대학에서 초빙강사로 활동
  했다.

1902 - 1912
신지학에서 인지학으로. 국내외의 강연 여행

- 마리 폰 지버스와 함께 국내외에 신지학 집회소를 구축했다. 공개강연과
  신지학협회 회원을 위한 강연을 활발하게 행했다. 1904년 비교祕密학교
  Esoterische Schule기관에서 활동했다.
- 월간지 〈루시퍼〉(Luzifer)를 창간하여 발행인이자 편집인으로 일했다.
  잡지의 제호는 1903년에 〈루시퍼 그노시스Lucifer-Gnosis〉로 바뀌었다.
  이 잡지에는 루돌프 슈타이너의 주요 논문들이 연재되었다. 연재된 논
  문은 〈어떻게 초감각적 세계의 인식에 도달할 것인가?〉(Wie erlangt man
  Erkenntnissen höheren Welten?), 〈아카샤 기록의 해석〉(Aus der Akasha-Chronik),
  〈신지학과 사회 문제〉(Theosophie und soziale Frage), 〈아동교육〉(Die Erziehung
  des Kindes), 〈고차적 인식의 단계들〉(Die Stufen der höheren Erkenntnis) 등이었
  고, 훗날 단행본으로 출판되었다.
- 크리스티안 모르겐슈테른Christian Morgenstern, 에두아르 쉬레와 교유했다.
  1908년에는 바실리 칸딘스키를 만났다.
- 1903/04년부터 해마다 가을, 겨울에 베를린의 건축가협회 등에서 일반
  을 위한 연속강연을 가졌는데, 강연 주제는 "인간의 기원과 목표", "영혼

생명의 생성변형론", 현존재의 주요 질문에 대한 정신과학의 대답" 등이
었다.

- 1904년, 기본서에 속하는 《신지학. 초감각적 세계 인식과 인간 규정 입
  문》(Ein-führung in übersinnliche Welterkenntnis und Menschenbestimmung)을 출판
  했다.

- 파리, 부다페스트, 네덜란드, 스칸디나비아, 이탈리아를 비롯해서 독일
  과 스위스의 여러 도시에서 강연했다. 뮌헨에서 에두아르 쉬레의 연극들
  을 연출했다.

- 1910년, 우주론과 진화론의 문제들에 관한 연구 결과를 《신비학 개요》
  (Geheimwissenschaft im Umriss)라는 제목으로 출판했다.

- 1910년에서 1913년에 걸쳐 자신이 쓴 네 편의 신비극을 연출하여 초연
  했다.

- 연극 공연과 강연을 위한 건물의 설계도를 그렸다. 뮌헨의 슈바빙 지역
  에 지으려던 이 건축 계획은 주민과 관청의 저항으로 무산되었다.

- 《인간과 인류의 정신적 인도》(Die geistige Führung des Menschen und der
  Menschheit), 《인간이 자기 인식을 얻는 과정》(Ein Weg zur Selbsterkenntnis des
  Menschen), 《정신세계의 문턱》(Die Schwelle der geistigen Welt) 등을 출간했다.

- 1910년에 쓰기 시작한 《인지학》(Anthroposophie)은 미완작으로 남았다. 감
  각론을 집중적으로 연구했다.

- 1911년, 쾰른에서 러시아 작가 안드레이 벨리Andrej Belyj(《페테르부르크》의 저
  자)를 만났는데, 이 만남은 벨리의 삶과 작품에 큰 영향을 끼쳤다. 프라하
  에서 프란츠 카프카, 막스 브로트Max Brod, 후고 베르크만Hugo Bergmann을
  만났다.

- 1911년, 새로운 동작예술인 "오이리트미Eurythmie"를 창안하여 발전시켜
  나갔다.

1912 – 1918
인지학협회 창립. 건축가, 예술가, 강연자

- 1912/13년, 신지학협회와 결별하고 인지학협회를 창립했다. 국내외에 인지학협회 지부들을 설립했다.

- 국내외 많은 도시에서 강연했다. 주제는 재탄생과 카르마, 성서, 죽음과 새로운 탄생 사이의 삶, 신비의 역사, 감각론, 진화의 역사 등이었다.

- 1913/19년, 루돌프 슈타이너의 지휘와 여러 나라의 수많은 예술가들의 협력으로, 연극, 오이리트미, 강연 등을 위해 루돌프 슈타이너가 설계한 괴테아눔Goetheanum이 스위스 도르나흐Dornach에 세워졌다. 제1차 괴테아눔은 서로 이어지는 두 개의 돔 지붕에 유기적 조소예술로 장식된 기둥을 가진 목조건축물이었다. 이 건물을 위한 루돌프 슈타이너의 예술 작품으로는 조형적인 내외장(설계), 천정화(초안 스케치, 부분적인 제작 참여), 스테인드글라스(문양 초안), 높이 9미터의 목조 조각품 "인류의 대표상"(초안 구상, 부분적인 예술작업 참여) 등이 있다.

- 1914년, 마리 폰 지버스와 결혼했다.

- 루돌프 슈타이너의 설계에 따라 도르나흐 언덕에 지어진 괴테아눔 건축물뿐 아니라 그 주변에는 특징적인 건축물들이 주거와 업무용으로(글라스하우스, 난방공급실, 둘데크Duldeck하우스, 변전실, 판 블로메스타인van Blommestein하우스) 들어섰다. 1920년대 초반에는 프레데Vreede하우스(아를레스하임), 세 채의 오이리트미관, 야거Jaager 저택(아틀리에와 주거용), 오이리트메움Eurythmeum(기존의 주택을 증축함), 출판사, 베크만Wegman관(아를레스하임), 슈어만Schuurman저택(음악연습실 겸용)건물 등이 들어섰다. 독일 슈투트가르트에 오이리트미학교가 세워졌지만 제2차 세계대전 중에 파괴되었다.

- 예술, 건축, 시사, 정신과학 등을 주제로 국내외에서 여러 차례 강연회를 가졌다.

- 1917년, 인간유기체의 3구성론(신경·감각체계, 리듬체계, 신진대사·사지체계), 인

간학과 인지학의 관계 해설 등에 관한 루돌프 슈타이너의 연구 결과를 정리한《영혼의 수수께끼》(Von Seelenrätseln)를 출간했다.

1917 – 1923
사회개혁가, 학교 설립자, 언론인

• 중부유럽의 상황에 관해 정치인 오토 그라프 레르헨펠트Otto Graf Lerchenfeld 와 대화를 나눈 뒤, 루돌프 슈타이너는 공공생활의 사회적 개혁 전망을 담은 두 편의 메모랜덤을 작성했다. 1917년, 이 글은 독일(퀼만Kühlmann, 막 스 폰 바덴Max von Baden 왕자)과 오스트리아(카를Karl 황제)의 다수의 영향력 있는 정치인들에게 전달되었다.

• "사회 문제"를 주제로 취리히에서 가진 연속강연의 기록은 개정작업 을 거쳐 1919년 4월《현재와 미래의 삶에 필연적인 사회 문제의 핵심》 (Die Kernpunkte der sozialen Frage in den Lebensnotwendigkeiten der Gegenwart und Zukunft)이라는 제목으로 출간되었다. 이 저작의 주된 사고는 "사회유-기체 의 3구성론"으로, 이는 국가의 해체를 통해 자유로운 정신생활로 옮겨가 는 것, 민주적 법생활, 연대적 경제생활의 실현을 의미하는 것이었다.

• 슈투트가르트와 그 주변 지역에서 노동자단체 대표들 및 기업가들을 상 대로 한 강연과 다수의 간담회에서 루돌프 슈타이너는 기업마다 노사운 영위원회를 설치해야 한다고 역설했다.

• 집중적인 준비 작업을 거쳐 1919년 가을에 슈투트가르트에 초등학교와 상급학교의 통합과정을 갖춘 자유발도르프학교를 설립했다. 발도르프 아스토리아Waldorf Astoria 담배공장의 사장이자 헤르만 헤세의 동창생인 에밀 몰트Emil Molt가 후원자 역할을 했다. 루돌프 슈타이너는 개교했을 때부터 1925년 세상을 떠날 때까지 학교를 이끌었다. 교육학 과정에서는 교사를 양성했다.

• 1919년 2월 24일에는 마리 슈타이너의 지도로 취리히의 파우엔테아터

Pfauentheater에서 오이리트미 예술을 처음으로 무대에 올렸다.

1920 – 1925
강연자, 예술가, 동기부여자

• 독일 국내외에서 많은 강연을 하고, 인지학협회 회원들을 위한 연속강연회를 가졌다. 주제는 "소우주와 대우주의 상응 관계", 우주의 지혜를 다루는 학문으로서의 인지학", "우주적 맥락 안에 존재하는 인간", "창조, 형성, 형상화를 이루는 우주 소리의 조화로 존재하는 인간", "카르마의 연관관계에 대한 비의적 견해" 등이었다. 이와 동시에 여러 전문분야의 주제에 관해 강연해 줄 것을 요청받는 경우가 점점 더 늘었다. 교육학, 의학, 신학, 경제학, 농업(생명역동 농법의 창안), 물리학, 연극예술, 치유교육 등이 강연의 주제였다.

• 화가 양성의 기초를 제공하기 위해 일련의 파스텔화와 수채화("자연의 정취", "프리트바르트Friedwart의 분위기" 등)를 그렸다. 책 표지, 포스터, 행사 프로그램, 레터헤드, 약품 및 화장품 포장 등을 위해 직접 그래픽을 디자인했다.

• 독일 국내외에서 수많은 오이리트미 공연이 이루어졌는데, 루돌프 슈타이너는 이 새로운 동작예술의 기초를 안내하는 개막 강연을 하는 경우가 잦았다.

• 1922년 가을에 루돌프 슈타이너가 참여한 가운데 "종교혁신운동"(그리스도인 공동체)이 조직되었다.

• 인지학 연구 연구소, 병원, 학교들이 연이어 설립되었다. 오늘날 세계 최초의 유기농 화장품과 천연약제품 기업으로 활약하는 벨레다Weleda 주식회사가 세워졌다.

• 잡지 〈사회유기체의 3구성론〉(Dreigliederung des sozialen Organismus)과 〈다스 괴테아눔Das Goetheanum〉에 정기적으로 글을 실었다.

- 1922년 마지막 날, 첫 번째 괴테아눔이 화재로 소실되었다. 그럼에도 불구하고 예술 행사와 강연 등의 업무는 폐허 바로 곁의 목공소에서 이전처럼 진행되었다.
- 1924년 가을 병석에 눕는 바람에, 루돌프 슈타이너는 콘크리트로 짓는 제2차 괴테아눔(1928년 완공)의 외형 모델만 완성하는 데 그쳤다.
- 국내외에서 인지학 운동이 확산됨에 따라, 1923년 도르나흐에서는 인지학협협회의 재창립이 이루어졌고, 루돌프 슈타이너가 회장을 맡았다. 정신과학을 위한 자유대학의 정비도 그의 지휘 아래 이루어졌다. 정신수련을 위한 심화과정은 세 단계로 구성되었다. 자유대학의 전문 분야는 의학, 순수문학, 조형예술과 언어조형, 음악예술, 청년정신훈련, 수학, 천문학, 자연과학, 교육학, 인지학 분과로 나뉘었다.
- 1924년 가을, 루돌프 슈타이너는 병석에 누웠다. 엄청나게 늘어난 강연과 교육과정 활동은 이로 인해 급작스럽게 중단되었다.
- 병석에서도 자서전 《내 인생의 발자취》(Mein Lebensgang)의 집필은 계속되었다. 그리고 여의사인 이타 베크만Ita Wegman과 함께 《치유예술의 확장을 위한 토대》라는 책을 썼는데, 이 책은 그의 사후에 출판되었다.
- 1925년 3월 30일, 루돌프 슈타이너는 스위스 바젤 인근의 도르나흐에서 숨을 거두었다. 그의 묘는 괴테아눔 부지에 있으며, 그 옆에는 크리스티안 모르겐슈테른의 유골함이 묻혀 있다.

루돌프 슈타이너 전집 목록

전집 총 354권은 1956년부터 스위스 도르나흐 소재 〈루돌프 슈타이너 유고관리국〉에서 간행되고 있다. 제목 뒤의 출간 연도는 "1883/1897"처럼 연도 표시가 두 번인 경우 초판과 개정판을, "1889-1901"처럼 표시된 것은 저작물의 완성 기간 또는 원고의 연재 기간을 표시한 것이다. 그리고 맨 뒤 괄호 안의 이탤릭체 숫자는 전집번호(GA로 통용)이다.

A. 저작물

1. 저서

Goethes Naturwissenschaftliche Schriften, 5 Bände, 1883/1897 (1a-e); 1925 (1)
괴테의 자연과학서, 총 5권 (루돌프 슈타이너의 서문과 해설)

Grundlinien einer Erkenntnistheorie der Goetheschen Weltanschauung, 1886 (2)
괴테 세계관의 인식론적 기초(한국어판: 괴테 세계관의 인식론적 기초, 박지용 역, 한국인지학출판사 2018

Wahrheit und Wissenschaft. Vorspiel einer 〈Philosophie der Freiheit〉, 1892 (3)
진리와 학문. 〈자유의 철학〉의 서막

Die Philosophie der Freiheit. Grundzüge einer modernen Weltanschauung, 1894 (4)
자유의 철학. 현대 세계관 개요

Friedrich Nietzsche, ein Kämpfer gegen seine Zeit, 1895 (5)
시대에 맞선 투사 니체

Goethes Weltanschauung, 1897 (6)
괴테의 세계관

Die Mystik im Aufgange des neuzeitlichen Geisteslebens und ihr Verhältnis zur modernen Weltanschauung, 1901 (7)
근대 정신생활 출현기의 신비주의, 그리고 현대 세계관의 관계

Das Christentum als mystische Tatsache und die Mysterien des Altertums, 1902 (8)
신비적 사실로서의 그리스도교와 고대의 신비들

Theosophie. Einführung in übersinnliche Welterkenntnis und Menschen-bestimmung, 1904 (9)
신지학. 초감각적 세계 인식과 인간 규정 입문

Wie erlangt man Erkenntnisse der höheren Welten? 1904/1905 (10)
어떻게 초감각적 세계의 인식에 도달할 것인가?

Aus der Akasha-Chronik, 1904-1908 (11)
아카샤 연대기로부터 (한국어판: 인간과 지구의 발달. 아카샤 기록의 해

석, 루돌프 슈타이너 전집발간위원회 역, 한국인지학출판사 2018)

Die Stufen der höheren Erkenntnis, 1905-1908 (12)
고차적 인식의 단계들

Die Geheimwissenschaft im Umriß, 1910 (13)
비밀학 개요(한국인지학출판사, 2024)

Vier Mysteriendramen, 1910-1913 (14)
신비극 4편

Die geistige Führung des Menschen und der Menschheit, 1911 (15)
인류와 인간을 위한 정신적 안내

Anthroposophischer Seelenkalender, 1912 (in 40)
인지학적 영혼달력 (한국어판: 인지학 영혼달력. 루돌프 슈타이너의 명상
시 52편, 루돌프 슈타이너 전집출간위원회 역, 한국인지학출판사 2017)

Ein Weg zur Selbsterkenntnis des Menschen, 1912 (16)
인간의 자기 인식 과정

Die Schwelle der geistigen Welt, 1913 (17)
정신세계의 문턱
Die Rätsel der Philosophie in ihrer Geschichte als Umriß dargestellt, 1914 (18)
철학의 수수께기. 철학사 개요

Vom Menschenrätsel, 1916 (20)

인간의 수수께끼에 관하여

Von Seelenrätseln, 1917 (21)
영혼의 수수께끼에 관하여

Goethes Geistesart in ihrer Offenbarung durch seinen Faust und durch
das Märchen von der Schlange und der Lilie, 1918 (22)
⟨파우스트⟩와 ⟨뱀과 백합의 동화⟩에 나타난 괴테의 정신적 특성

Die Kernpunkte der sozialen Frage in den Lebensnotwendigkeiten der
Gegenwart und Zukunft, 1919 (23)
현재와 미래의 삶에 필연적인 사회 문제의 핵심

Aufsätze über die Dreigliederung des sozialen Organismus und zur
Zeitlage 1915-1921, (24)
사회 유기체의 3구성과 1915-1921년 시대상에 대한 소고들

Kosmologie, Religion und Philosophie, 1922 (25)
우주론, 종교 그리고 철학 (한국어판: 철학, 우주론, 종교, 인지학에서 바라
본 세 영역, 루돌프 슈타이너 전집발간위원회 역, 한국인지학출판사 2018)

Anthroposophische Leitsätze, 1924/1925 (26)
인지학의 주요 원칙

Grundlegendes für eine Erweiterung der Heilkunst nach geisteswissen-
schaftlichen Erkenntnissen, 1925. Von Dr. R. Steiner und Dr. I. Wegman (27)
정신과학적 인식에 의한 치유예술 확장의 토대

Mein Lebensgang, 1923/25 (28)
내 인생의 발자취 (한국어판: 루돌프 슈타이너 자서전. 내 인생의 발자취,
한국인지학출판사, 2018)

2. 논문 모음

Aufsätze zur Dramaturgie 1889-1901 (29)
희곡론

Methodische Grundlagen der Anthroposohpie 1884-1901 (30)
인지학의 방법론적 토대

Aufsätze zur Kultur- und Zeitgeschichte 1887-1901 (31)
문화사와 시대사에 대한 소고들

Aufsätze zur Literatur 1886-1902 (32)
문학론

Biographien und biographische Skizzen 1894-1905 (33)
전기와 생애에 대한 스케치

Aufsätze aus 〈Lucifer-Gnosis〉 1903-1908 (34)
잡지 〈루시퍼·그노시스〉에 실린 소고들

Philosophie und Anthroposophie 1904-1918 (35)
철학과 인지학

Aufsätze aus 〈Das Goetheanum〉 1921-1925 (36)
인지학 전문 주간지 〈괴테아눔〉에 실린 소고들

3. 유고 간행물

Briefe 서간문 / Wahrspruchworte 잠언집 / Bühnenbearbeitungen 무대 작업들 / Entwürfe zu den Vier Mysteriendramen 1910-1913 신비극 4편의 스케치 / Anthroposophie. Ein Fragment 인지학 미완 원고 / Gesammelte Skizzen und Fragmente 스케치와 미완 원고 모음 / Aus Notizbüchern und -blättern 수첩과 메모장 모음 (38-47)

B. 강연문

1. 공개 강연

Die Berliner öffentlichen Vortragsreihen, 1903/04 bis 1917/18 (51-67)
베를린 공개 기획 강연, 1903~1919/18

Öffentliche Vorträge, Vortragsreihen und Hochschulkurse an anderen Orten Europas 1906- 1924 (68-84)
공개 강연, 기획 강연, 그리고 유럽 각지 대학에서 가진 강좌 내용 모음

2. 인지학협회 회원을 위한 강연

Vorträge und Vortragszyklen allgemein-anthroposophischen Inhalts 일반 인지학 내용의 강연과 연속강연회 : Christologie und Evangelien-Betrachtungen 그리스도론과 복음서 고찰 / Geisteswissenschaftliche Menschenkunde 정신과학적 인간학 / Kosmische und menschliche Geschichte 우주와 인간의 역사 / Die geistigen Hintergründe der sozialen Frage 사회 문제의 정신세계적 배경 / Der Mensch in seinem Zusammenhang mit dem Kosmos 우주적 맥락 안에 존재하는 인간 / Karma-Betrachtungen 카르마 연구 (91-244)

Vorträge und Schriften zur Geschichte der anthroposophischen Bewegung und der Anthroposophischen Gesellschaft (251-265)
인지학 운동과 인지학협회의 역사에 대한 강연문과 원고들

3. 영역별 강연과 강좌

예술 강연: Allgemein-Künstlerisches 일반 예술에 관한 강연 / Eurythmie 오이리트미 / Sprachgestaltung und Dramatische Kunst 언어 조형과 연극 예술 / Musik 음악 / Bildende Künste 조형예술 / Kunstgeschichte 예술사 (271-292)

Vorträge über Erziehung 교육학 (293-311) / Vorträge über Medizin 의학 관련 강연회 (312-319) / Vorträge über Naturwissenschaft 자연과학에 관한 강연회 (302-327)

Vorträge über das soziale Leben und die Dreigliederung des sozialen Organismus 사회적 양상과 사회 유기체의 3구성론에 관한 강연회 (328-341) Vorträge für die Arbeiter am Goetheanumbau 1차 괴테아눔 건축 당시 노동자를 위한 강연회 (347-354)

C. 예술 작품

Originalgetreue Wiedergaben von malerischen und graphischen Entwürfen und Skizzen Rudolf Steiners in Kunstmappen oder als Einzelblätter: Entwürfe für die Malerei des Ersten Goetheanum 루돌프 슈타이너가 직접 그린 작품철과 스케치: 회화, 그래픽, 1차 괴테아눔 천정 벽화 스케치의 복사본 / Schulungsskizzen für Maler 화가를 위한 수련 스케치 / Programmbilder für Eurythmie-Aufführungen 오이리트미 공연 프로그램을 위한 그림들 / Eurythmieformen 오이리트미 안무 / Skizzen zu den Eurythmiefiguren, u.a. 오이리트미 동작 모형물 등의 스케치